むかし、あるところになあ、子どもを持たないじいさまとばあさまがいたんだと。じいさまは、伝八ちゅう人なんだと。

あっとき、伝八じいさまが、たんぼさ仕事に出て帰ろうと思ったら、ツルがけがをしていたんだと。そんじぇ、じいさまはなあ、そのツルのけがの手当てをしてやったんだと。

その晩になったらなあ、

「こんばんは、こんばんは。」

って、だれかがたずねてきたんだと。じいさまが戸をあけてみっとなあ、きれいなむすめが外に立っていたんだと。そのむすめはなあ、暗くなってしまったもんで、宿がなくて困っていたんだと。……

『ツルの恩返し』(一六七ページ)

絵　カバー………鈴木　信光
口絵…………鈴木　隆一
むかし話地図……槌谷　幸一

読みがたり

福島のむかし話

福島県国語教育研究会編

はじめに

北風が雪をどっさり運《はこ》んで、会津地方《あいづちほう》に雪を降《ふ》らせ、屋根《やね》までうずめてしまうと、長い冬になり、子どもたちは、家の中にとじこめられてしまいます。

そのころ、浜通《はまどお》り地方は、雪を運んだ風だけが「からっ風」となってこずえをヒューヒュー鳴《な》らし、日暮《ひぐ》れもはやく、子どもたちはいろりをかこむようになるのです。

テレビジョンもなかったころ、子どもたちは、すっぽりとこたつにもぐったり、ちろちろ燃《も》えるいろりの赤い火をながめ、煙《けむり》にむせたりしながら、おじいさんやおばあさん、あるいは、お父さんやお母さんにせがんで、「むかし、むかし」の話を聞かせてもらったのです。

「むかし、むかし、村のはずれさ、じいさまとばあさまがいたと。

じいさまとばあさまには、わらしがなかったと。ほうで、お宮《みや》さ行っては、

『どうか、子めらがさずかりますように。』

と、毎日おがみおがみしていたと。ほうしたれ、元気のいい男っこが生まっちゃと。

じいさまとばあさまは、おおきに喜《よろこ》んで、男の子が長生きするようにいい名まえをつけてもらうべと、ねぎさまさたのみに行ったと。………」

子どもたちは、つい、話にむちゅうになって、ほだ火で赤くなったひざをのり出し、「そして、

どうした。」と、話の先をさいそくして聞き入っていたのです。

「おっかねぇ話」では、からだをすくませ、「おもせぇ話」では大きな口をあけてげらげら笑《わら》って、時のたつのを忘《わす》れ、屋根から落《お》ちる雪の音も、ヒューとうなって過ぎていく「からっ風」の音も耳にはいらないで聞き入っていたのです。

「今夜《こんや》は、なんの話かな。」

「今夜は、また、あの『ドブときょうで』の話がいいな。」

などと、まだ、聞いたことのない話に胸《むね》をふくらませたり、何度《なんど》も聞いた話をくりかえし聞いたりして、冬の長いよいを過《す》ごしたのです。

わたくしたちの福島県《ふくしまけん》は、たいへん広い県です。そのうえ、大きな山脈《さんみゃく》があって、会津地方、中通り地方、浜通り地方と分かれ、さらに、南と北に分かれたりしています。高い山、大小の湖《みずうみ》、いくつもの河川《かせん》、それに、太平洋と、自然《しぜん》の変化《へんか》に恵《めぐ》まれています。そして、それぞれの土地で生活した人たちには、昔《むかし》から、それぞれ、生きるためのちえや工夫《くふう》がありました。いろいろな夢《ゆめ》も生まれました。助け合って生きた心のぬくもりもありました。それらのことがとけ合って、多くの話ができあがり、心も、ことばも受けつがれてきました。

「福島のむかし話」は、わたくしたちの祖先《そせん》が残《のこ》してくれた、だいじなたからです。わたくしたちが語りついで残していかなければならないだいじなたからです。

福島県国語教育研究会

もくじ

県南のむかし話

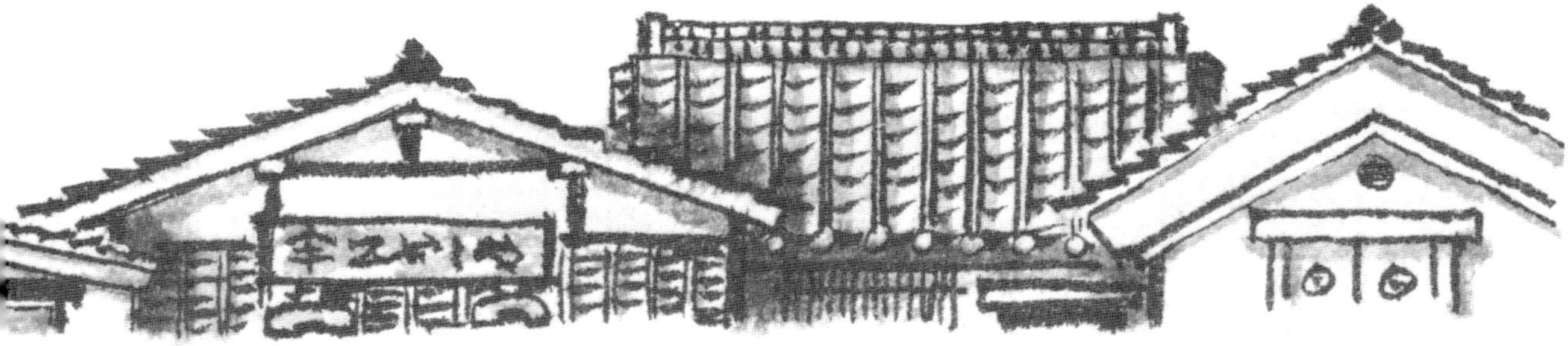

会津のむかし話

浜通りのむかし話

福島のことば

福島《ふくしま》県の方言は、おおよそ、浜通《はまどお》りの相馬《そうま》・双葉《ふたば》／磐城《いわき》、中通《なかどお》りの伊達《だて》・信夫《しのぶ》／安達《あだち》・安積《あさか》／田村《たむら》／須賀川《がわ》以南、会津《あいづ》／南会津／桧枝岐《ひのえまた》などの九つの方言に分けられます。それぞれ政治《せいじ》・文化の歴史《れきし》がもとになっています。桧枝岐を除《のぞ》くと、発音・文法・単語などの基本的《きほんてき》なところではほぼ同じですが、こまかいところ、ことに敬語《けいご》の面で、すこしずつちがいます。南の方は茨城《いばらき》・栃木《とちぎ》の方言に近く、北の方は山形《やまがた》・宮城《みやぎ》の方言に似《に》ています。方言の実際《じっさい》の姿《すがた》は、それぞれのお話のなかで見ていただきたいと思います。この本におさめてない桧枝岐の昔話とその方言は、石川純一郎「河童火やろう」という本でわかります。

発音の表し方で、「あいうえお」の「い」の音は「え」の音とほぼ同じです。「え」と同じくすこし口をあけて発音します。

また「がぎぐげご」の音は、鼻《はな》にかけない濁音《だくおん》と鼻にかける鼻濁音《びだくおん》と二つあります。標準《ひょうじゅん》語の鼻濁音にあてはまるのは、福島県方言でもそのまま鼻濁音で、そのほかはただの濁音です。「かご」と「ごちそう」のちがいにあたります。「かきくけこ」「たちつてと」は、単語のはじめや、つまる音のつぎでは清音ですが、そのほかは濁音に発音されるのがふつうです。

つぎに、「つぁつぇつぉ」の音は、外来語とか、たまたま東京語《とうきょう》で「おとっつぁん」「ごっつぉう」（御《ご》馳走《ちそう》）というときとかに使いますが、福島県方言ではしばしば使います。「くんつぇ」の「つぇ」の音はそのエ段の音なのです。「つぇ」に似た音では、「じぇ」「ちぇ」「にぇ」などもよく使います。たとえば「ほんじぇ」（それで）「取っちぇ」（取れて）「くんにぇ」（くれない）などです。

単語・文法・敬語のくわしいことは、『福島県史第二十四巻民俗2』に書いてあります。

ついでに、福島県の昔話の本でだいじな本の目録《もくろく》をつぎにかかげておきます。

近藤喜一　『信達民譚集《しんたつみんたんしゅう》』　一九二八
岩崎敏夫　『磐城《いわき》昔話集』　一九四二
片平幸三　『福島の民話第一集』　一九五八
同　『福島の民話第二集』　一九六六
福島市教育委員会　『福島市の文化財第8集』—民俗資料・口頭伝承—　一九七〇
石川純一郎　『河童火やろう』　一九七二
島尾敏雄　『東北と奄美《あまみ》の昔ばなし』　一九七三
山本　明　『鬼の子小綱《こづな》』　一九七四
石川純一郎　『会津館岩村民俗誌』　一九七四
片平幸三　『ふくしまの民話』　ふくしま文庫6　一九七四
山本　明　『ふくしまの昔話』　ふくしま文庫33　一九七七

県北のむかし話

親孝行《おやこうこう》なすえむすめ

むかしむかし、あっとこ《(あるところ)》に、あったもんなあ。年とったおんつぁんがおったとさあ。おんつぁんには、三人のむすめがいたとさあ。ある時、山さ畑をうない《(たがやし)》さ行ったんだとお。おんつぁんは、なんぼにも《(どうしても)》、こわくて《(つかれて)》、

「ああ、こわい《(つかれた)》。ああ、こわい。」

って、木の根っこさ、こしかけて休んでたんだとお。

そこさ、向かいの山から、ピョゴン、ピョゴンと、おサルさんが出て来て、

「おんつぁん、おんつぁん、なに一人《ひとり》ごと言っ

てんだい。」

って聞っから、

「おれなあ、年とったもんでぇ、畑うないしっと《すると》お、こしいだくて、がおってっ《こまっている》とこよお。」

って言ったどお。すっと、おサルさんは、

「なあんだ。そんだごったら《そんなことなら》、おれさ、くわ貸《か》してみらん《ごらん》しょ。たちまちうなってけっから《くれるから》。」

って、おんつぁんから、くわ取《と》っけすと《取りかえすと》、ウンコラショ、ウンコラショって、たちまちうなっちまったんだとさあ。

おんつぁんは、とっても喜《よろこ》んで、

「ありがとない。お礼《れい》に何でもけっから《あげるから》、言ってみなんしょ。」

つうと、おサルさんは、答えたとお。

「ほんとがい。おらのほしがるもの、何でもけっかい《くれるかい》。」

「けっとも。何でも言ってみろや。」

つうと、

「ほんじゃあ、おんつぁんのむすめのうち、だれか一人《ひとり》おらのよめさくんち《ください》。」

って言ったとお。おんつぁんは、がおった顔しったけんちも《けれども》、わが《自分の》言ったことだから、しかたねくやくそくしっちまったとさあ。

　さて、ぜえ《いえ》さ帰ったおんつぁんは、

「困《こま》ったことになったわい。どうすっぺ。」

って考えているうち、心配《しんぱい》のあまり、はちまきしたまんま、ねこんちまったどお。

そこさ、いちばん年うえのむすめが来て、

「とうちゃん、とうちゃん、何心配してねてんだい《(ねているの)》。言ってみらっし《(みなさい)》。」

つうから、おんつぁんは、がおった顔して言ったどお。

「ほうかあ。おめ、おれの言うこと聞いてけっこったら《(くれるなら)》、今にも起きて、まま食われってばよお《(ご飯食べられるのによ)》。」

「ぜえから《(いいから)》、言ってみらんしょ。」

って、むすめがさいそくすっと、おんつぁんは、おサルさんとやくそくしたこと話したんだど

お。ほれ聞いたむすめは、

「なにもうろくしてんだい。なんぼなんでも、サルこのよめさなんて、行かれっこねえべした《いかれるはずないでしょうよ》。」

って、ほうきぶっつけて、出ていっちまったとさあ。

おんつぁんは、ますますがっかりして、ウンウンうなってねてっと、二番めのむすめがやってきて、

「とうちゃん、とうちゃん、なにうなってねてんだい。言ってみらんしょ。」

つうから、おんつぁんは、たいそう喜《よろこ》んで、姉《あね》むすめに話したと同じことを聞かせて、

「にしゃ《おまえ》、ぜえ《いい》むすめだから、言うこと聞いてけろなあ。」

ってたのんだとさあ。

ところが、二番めのむすめも、ぷんぷんおこって、今度は、ぞうりぶっつけて、にげていっちまったんだとお。おんつぁんは、すっかり気を落として、げっそりやせこけてねこんじまったとさあ。

ほれから、しばらくして、いちばん末《すえ》のむすめが入ってきて、おんつぁんのまくら元にすわったとお。

「とうちゃんの心配《しんぱい》ごとなら、なんでも聞っから、言ってみらんしょ。」

「ほんじゃあ、おらの心配ごと、聞いてけっか《くれるかい》。ほんじゃあ、あしたから、まま食われっかなあ。」

ほこで《そこで》、おんつぁんは、二人《ふたり》の姉むすめにたのんだことを話したんだとお。

「にしゃ《(おまえ)》に言うこと聞いてけらんにば《(くれなければ)》、おらあ、
このまんま死んじまあかもしんにでばよお。」

つう話を聞いて、末むすめは、

「ぜえども《(いいとも)》、ほだこったら《(そんなことだったら)》、ぞうさねこった《(かんたんなことだ)》。

おれ、よめさいんから《(行く)》、早く起きて、まんま食わんしょ。」

って、言ったんだとお。ほれで、おんつぁんは、元気をとりもどして、じょうぶになったとお。


さて、よめ入りの日がさて、末むすめは、たんすや長《なが》持《も》ちかついだ親類《しんるい》の人たちに送らっち、ヨメコホイホーイ、ヨメコホーイって、山ん中さ入っていったとさあ。

ほして《(そして)》とうげのところで、おサルのむこさまに、受《う》けわたさっち、山の奥《おく》さ連《つ》れてがっちゃ《(いかれた)》とさあ。

長い長い冬が過《す》ぎて、次の年の春となったとさあ。

むすめは、おサルのむこさまに、たのんだとお。

「ずいぶん久《ひさ》しく実家《じっか》さ帰んねから、桜《さくら》の花がさくころになったら里《さと》帰りさせてくんちない《（くださいね）》。」

つうと、むこさまは、

「ほんじゃ、山さあるめずらしいもの、たんと《（たくさん）》みやげに持っていくべ。」

って、喜《よろこ》んで里帰りのしたくを始めたんだとお。

やがて、あたりが、ぽかぽかあったかくなり、桜の花がさいたと。

二人《ふたり》は、とうげの道を、どんどん下《くだ》って、桜がみごとにさいているがけっぷちのとこさ来て、
いっぷくしたとお。ほごで《（そこで）》、

「あすは、死んだかあちゃんの命日《めいにち》だから、あの花、お墓《はか》さあげておがんから《（おがむから）》、ひと枝《えだ》、折《お》っ

てくんち。」

って、よめさまがたのんだとお。すっと《（すると）》、むこさまは、たちまち桜の木さ、するすると登《のぼ》って

いったんだとさあ。

「この枝でぜえか《（いいか）》。」

って、とっ気《き》すっと《（とろうとすると）》、

「ほの先の、いま少し、みごとにさいたとこ。」

つうもんだから、

「ほんじゃ、このあたりの枝でどうだん。」

って、手をのばすと、

「いま少し、先のにんにゃか《（にぎやか）》のとこ。」

つって《（といって）》いるうちに、あんまし先の細《ほそ》いとこさ登っちまって、枝がポキンと、ぶしょっちゃ《（折れた）》と思ったら、むこさまは、がけの上から、ザブンと川さ落ちっちまったんだとお。

よめさまがびっくりして、がけっぷちから見たっけ《（みたら）》が、おサルのむこさまは、ゴンゴ、ゴンゴって、下《しも》さ流《なが》さっちいっちまったんだとお。

むすめは、一人《ひとり》でぜえ《（いえ）》さ帰って、とうちゃんにたんとたんと親孝行《おやこうこう》したんだとさ。

話　者・坪池　忠夫

再　話・根本　文弘

さし絵・佐々木八郎

旅《たび》の役者《やくしゃ》に化《ば》かされたキツネ

むかし、いたっつうんだ《(いたということだ)》なあ。村のはずれの森の近くの橋のあたりに、ころふいた《(年とった)》悪《わる》いキツネが住《す》んでおったたつうもんなあ。

このキツネめ、夜ごとに出ては、通る人をばかにすんので、村の人たちはたいそう困《こま》っておったと。何とかしてこの古ギツネを、とっつかまえる工夫《くふう》はないもんかと相談《そうだん》してっとこに、どこかの村から、旅役者《たびやくしゃ》のような男がたずねてきたとさ。

この男は、村人から話を聞くと、

「よおうし、ほんじゃあ、このおれが、その悪ギツネめ、たいじしてやろう。」

って言って、次《つぎ》の晩《ばん》に勇《いさ》んで出かけていったとさ。村人たちは、

「野郎《やろう》、あだこと《(あんなこと)》言って出かけたが、今に泣《な》きっつらして帰ってくっからみろ。」

と話し合っていたと。

この男は、大きな麻《あさ》ぶくろをかたにかついで、よっきりぼう《(よっぱらい)》のふりをして、その橋んところ

さ来たと。これを見たキツネは、くるくるくるっと、三度ちゅう返りをしたと思ったら、きれいなあねさま《(女の人)》に化けたと。そして、駒《こま》げたをカラリコロリと音立てて、近づいてきたっつうんだな。これを見た男は、ますますよっぱらったふりをして、千鳥足《ちどりあし》(酒《さけ》によった人の歩《ある》き方)で、キツネの化けたあねさまのそばに近づいたと。そして、こう言ったと。

「ねえちゃん、ねえちゃん、しっぽ見えっつぉい《(見えるよ)》。頭さ、つつこ(こも)かぶったりして、なんちゅうざまだい。」

すっと《(そうすると)》、キツネはそんなはずはねえと思いながらも、いっしょうけんめいになって、しっぽをかくす気になんもんだから、男はカラカラと高笑《たかわら》いして、

「ねえちゃんは、このおれよりも化け方、へただなあ。おれの化け方見てらんしょ《(見ていてごらん)》。」

と言うが早いか、かたにかついできたふくろの中に入ると、女のかつらをかぶり、赤い着物《きもの》を着て、めんごい《(かわいい)》女の人のかっこうをして出てきたと。

これを見たキツネは、ぶったまげてしまって、

「おれにもどうか、化け方おせてくんちゃぁ《(教えてください)》。」

とたのみこんだとさ。

そこで、男は心の中でしめしめと思ったが、ほだこと《(そんなこと)》おくびにも出さねで、

「いいともなんとも。このふくろの中さ入るだけでぜえんだ《(いいのだ)》。そしたら、このおれが、チョンチョンチョンと、三度手をたたいて、よおうし、と言うから、そしたらふくろから出てみろ

や。そうすっと、このおれのように、美《うつく》しいあねさまに化《ば》けられんだ。それ、やってみろ。」と言ったと。

キツネが本気にしてふくろの中さ入ったので、男は急《いそ》いで、持《も》ってきた麻《あさ》ひもで、ふくろの口をぎっちりと結《むす》んじまったと。そして棒《ぼう》にぎっしらとしばりつけっちまって、村をめがけて走《はし》りだしたんだと。

そんなこととは知らねもんだから、キツネはふくろの中で、「よおうし。」といつ言われっかと待っていたんだな。ところが、いくら待っても手もたたかねし、「よおうし。」とも言われねもんだから、

「まあだかい。まあだかい。」

って、さいそくしたと。男は麻ぶくろをかついで走りながら、

「まあだ、まあだだ。」

と言いながら、どんどん走って、村さ帰ってきっちまったとさ。
一方、村では若《わか》い衆《しゅう》(わかい人たち)が集まって、たき火を囲《かこ》んで、
「あの男、あんな大きな口たたいて出かけていったが、今ごろは化かされて、肥《こえ》だめにでも、
首までつかっていることだべ。」
と、うわさをしていたと。ところが、そんなとこさ、
「生《い》けどったぞう。キツネつかめえたぞう。」
と大声でさけびながら、あの男が麻ぶくろをかついで帰ってきたもんだから、みんなびっくり
しっちまったと。(してしまった)
男がふくろを下におくと、ふくろの中から、
「助《たす》けてくんちゃあ。助けてくんちゃぁ。」(ください)
と泣《な》き声がしたと。若い衆はびっくりしたが、これがキツネだというわけで、手に手に丸太《まるた》ん
棒《ぼう》を持って、
「こんちくしょう、よくも今までおれたちをばかにしやがって。」
と口々にどなりながら、ふくろだたきにしっちまったと。
そのうち、動かなくなったので、みんなは、
「ざまあみやがれ。」
と言って、ふくろを開《あ》けてみたと。ところが、開けてびっくり、中には、美し晴《は》れ着《ぎ》を着た島《しま》

田《だ》まげの、十七、八のむすめが死《し》んでいたっつうんだなあ。

みんなは、顔を見合わせて、真《ま》っ青《さお》になっちまったと。ところが、麻《あさ》ぶくろをかついできたこの男は、平気な顔で、

「化《ば》けギツネは、青松葉《あおまつば》でいぶすとしっぽを出すというから、べろべろしてねえで《（ぐずぐずしていないで）》、早く火をたけ。」

とどなるので、みんなで青松葉を運《はこ》んできて、どんどんいぶしてみたと。ところが、相変《あいか》わらず色白のむすめの姿《すがた》なので、みんなは、

「これはとんだしくじりをしでかしたわい。さて、何としたもんだべ《（どうしたらよいだろう）》。」

と、額《ひたい》を寄《よ》せて考えこんじまったと。そうしていっとこさ《（いるところへ）》、これを聞きつけた村の年寄《としよ》りたちが集まってきて、

「むかしから、変化《へんげ》のもの（化け物）は、お天《てん》とうさま（太陽《たいよう》）に当てると、正体《しょうたい》を現《あらわ》すというから、あしたの朝まで待《ま》ってみろ。」

と教えてくれたと。みんなは、心配しながら次の日の朝まで待ったところ、日の出とともに少しずつむすめの色《（ようす）》が変わっていき、ついに大きなしっぽを現し、ころふいた《（年とった）》キツネになったとさ。

それからは、この村で、化かされる者はなくなったということだ。

話者・坪池　忠夫
再話・菊地　久男
さし絵・佐久間　敬

ホトトギス兄弟《きょうだい》

　ずっとむかし、あったつんだな(ということだ)。あっとこに、兄弟《きょうだい》でくらしている若者《わかもの》があったと。あんちゃ(兄さん)のほうは働《はたら》き者で、しゃで(弟)のことも、よくめんどうみていたんだと。ほんじゃ(けれども)ぎんちも、しゃでは、たれか者（なまけ者）で、根性《こんじょう》わりかった(悪かった)つんだな。兄弟二人《ふたり》は、気持ちが逆《ぎゃく》だったぎんち(けれども)も、あんちゃが、おとなしい人だったから、けんかもしねえでくらしていたんだと。

　あっときのこと、あんちゃは、山の畑《はたけ》でいっしょうけんめいかせいで(はたらいて)いたと。そのうち、だんだん晩方《ばんかた》になっちまったたちけ(そうだ)。ほんで畑からとれた山いもを持って、ぜえ《(いえ)》さ帰ってきたんだと。

ぜえに来てみると、しゃ《(弟)》ではどこさ行ったんだか、姿《すがた》見えねかったちけ。そこで、あんちゃ《(兄さん)》は、山いもをなべさに《(で)》て、待っていたつんだな。山いもがにえても、しゃではなかなかけえっ《(帰って)》て来ねんだと。ほんじ《(それで)》あんちゃは、山いものうまそうなとこは、しゃでに食わせっぺと思って、わがは《(自分は)》山いもの、うまくねえとこばっか《(ばかり)》し先に食って、待ってたんだと。

そのうち、しゃでが帰ってきたと。ほして《(そして)》、帰るなり、あんちゃが残《のこ》しててくっちゃ《(残しておいてくれた)》、なべの山いもを食ったんだと。腹《はら》へってたとこさあ、山いものうまいとこ食ったもんだから、べろ《(した)》もぬけるほどだったつんだな。ところが、しゃでは山いもを食って、腹くっちゃぐ《(腹いっぱい)》なったっけが、根性《こんじょう》わりもんだから、おかしなこと考えたんだと。

「残ってた山いもでせえ、こんなにうまかったんだから、先に食ったあんちゃのほうは、なおうまかったんでねえかな。」

と思っちまったんだな。そこで、

「あんちゃ、先にしとんじ《(二人で)》食って、うまかったべ。残りもんでせえ、こだにうまかったんだから、先に食ったとこは、どだに《(どんなに)》うまかったか。」

と、しゃでは、あんちゃさ向かって、ぎょろっと言ったんだと。あんちゃは、おとなしかったから、

「何言ってる。おれはくきのほうしか食わねえかったぞ。」

と正直《しょうじき》に言ったと。ほんじも《(それでも)》、しゃではあんちゃの言うこと本気にしねえで、

「ほんとかい。ほんとうにそうかい。」

と、何回も聞いたんだと。ほんじゃもんで、あんちゃは、

「うそだと思うなら、おれの腹の中、見てみろやれ。」

って、しゃでに言っちまったんだと。しゃでの

ほうは、あんちゃ《(兄さん)》は、うまいとこ食ったんだと、思っていん《(いる)》もんだから、

「よおうし、ほんじゃら《(それなら)》、みてみっぺ。」

と言って、いきなりあんちゃさとびかかって、殺《ころ》しっちまったんだと。ほして、殺したあんちゃの腹《はら》をさいてみたんだと。

ほうしたどこ《(そうしたら)》、あんちゃの腹ん中さは、山いものうまくねとこばっかし《(おいしくないところばかり)》入っていたんだつう《(いたのだそうだ)》なあ。あんちゃの腹さは、わが《(自分が)》食った山いもより、うまいとこあっと思ってたぎん《(思っていたが)》ちも、逆《ぎゃく》だったもんで、しゃ《(弟)》ではびっくりしっちまったんだと。

「ややあ、へたなこと《(もうしわけないこと)》しっちまったな。なじょにしたら《(どうしたらよいだろう)》ぜえべ。あんちゃ、かんにんしてけろ。」

と泣《な》いたんだと。ほして、死んじまったあんちゃを、どうにかして生き返らせたいもんだと思ったけど、どうにもならなかったと。

しゃでは、すまないことしっちまったと、悲《かな》しい声で、

「あんちゃ、かんにんしてけろ。ぼっとぶっつぁげたんだ《(まちがってはらをさいてしまったんだ)》。かんにんしてけろ。ぼっとぶっつぁげたんだ。」

と、毎日毎日泣《な》きながら、あんちゃが死んだとき、空さ飛《と》んでいったたましいをさがして、あっちこっち歩いていったんだと。

「ぼっとぶっつぁげたんだ。ぼっとぶっつぁげたんだ。」

と呼《よ》ばって、しゃではなみだを流して旅《たび》さ出ていったぎんちも《(いったけれども)》、あんちゃのたましいはめっかんねかった《(みつからなかった)》んだと。

そのうち、しゃでの悲しい心は、ホトトギスという鳥になっちまったんだと。しゃでは、ホトトギスになっても、ほんじも《(それでも)》、

「ぼっとぶっつぁげた。ぼっとぶっつぁげた。」

と、悲しい声であやまりながら、いつまでも、あんちゃのたましいをさがしつづけていたんだと。

話　者・太田　隆夫
再　話・菊地　久男
さし絵・力丸　丈夫

法《ほう》印《いん》とキツネ

むかし、あっとこに一《いっ》ぱい森っつうとこ《(というところ)》があったと。この一ぱい森にはな、人のことだますキツネが住んでいたそうだ。

ある秋のお天気のよい日になあ、キツネめ、ひと休《やす》みしっぺ《(しよう)》と思って、一ぱい森の日《ひ》当《あ》たりのよいとこで、いねむりしったと。そこに、ちょうど法印様《ほういんさま》（山ぶし）が通りかかってな、そいつ見て、

「キツネめ、おどかしてやれ。」

って思ったんだな。そんで、キツネに、そそうっと近寄《ちかよ》って行ったと。そして、キツネの耳ん

とこさ、ほらのけえ《(ほらがい)》あてて、ボホーン、ボホーンって、やったんだすけ《(やったんだって)》。そしたら、キツネめ、びっくりして、とんびゃがって《(とび上がって)》にげて行ったと。それを見た法印様、

「いやあ、おもしれがった。」

って喜《よろこ》んでな、また、かんぎょうしながら《(おきょうをよみながら)》歩いて行ったと。

ほうして行ったところがな、だんだんあたりが暗《くら》くなっちまって、歩がんにゃぐ《(歩けなく)》なっちまったと。法印様は、しかたねえからよう、木の下にはあ、休んでいたと。そうしたっけじい《(そうしたら)》、あっちの方から、ざらんぽ《(おそうしきの行列)》が来たんだと。かねなどならしてよお、ザラーンポーン、ザラーンポーンって、近寄ってきたと。そして、その法印様のいたとこさ来てな、がんばこ《(かんおけ)》うめていった《(いったん)》んだちけ《(だそうだ)》。

ざらんぽが行っちまったっけがな、その墓場《はかば》からよお、青い火がな、ボボッ、ボボーッて、法印様のとこさ行ったんだちけ。そんで《(それで)》、法印様はどうてんして《(びっくりして)》、そこにあった高い木さ、登《のぼ》って行ったんだと。そしたれば、

「なんぼ、どこまで登って行ったって、わかんねえぞう。」

って、その青い火は、高い木の上まで追《お》っかけていったと。

法印様は、おっかなく《(おそろしくて)》なっちまって、登って行くも登って行くも、その木のすってんぺんま《(いちばん上まで)》で登って行っちまったと。そんでも追いかけてくるもんだから、どこさも行くとこなくなっちまって、思わず手はなしたれば《(はなしたところが)》、どさあっと下さおっこっちっまったと。

木の根っこさ、おもいしな《(おもいっきり)》こしをぶっつけて、あたり見たればな、にわかにあたりが明りくなってよお、そこは、先刻《せんこく》（さっき）の一《いっ》ぱい森んとこだったんだとさ。

法印様《ほういんさま》は、いたずらしたキツネに、かたきとらっちゃんだな。

話　者・佐藤　イシ
再　話・菊地　久男
さし絵・鈴木　信光

サルとカエル

むかし、山の上の森さ《(に)》いっぴきのサルが、その下のたんぼさカエルが住んでたんだと。

ある日のこと、サルがカエルのところにやってきて、

「カエルどん、うめえもちでも食いてと思って来たんだぎんちも《(けれども)》、どうだべない。」

って言《い》ったんだと。すっと《(すると)》、カエルはよ、

「それはぜえこと《(いいこと)》に気がついたもんだ。サルどんは、なんったって、このへんでは、知恵者《ちえしゃ》だがんな。よかんべ。だぎんちも、うめえもち食うには、どうやんだい。」

ってな、サルをおだてたもんだ。

サルは、とくいになってよ、

「ほれよなあ、うめえものっつうのは、今すぐ食うべえと思ってもできねもんだ。これから、おまえさんとたんぼを作ってよ、秋には、なんぼ食っても、食いぎんに《(食いきれない)》ほどのもち、いっぺ《(いっぱい)》ついでな《(ついてな)》、タヌキどんのように、腹《はら》つづみうってみてえもんだなあ。」

ってもちかけたと。

カエルは大きな目玉を、ぎょろぎょろさせて喜《よろこ》び、相談《そうだん》がまとまったと。

やがて、花がさいてな、あたりは、あったかい春になったと。

お百しょうは、毎日、せっせとなわしろ作って、種《たね》まきしたっつうのに、サルからは、いっこうに便《たよ》りがねえんだとよ。人のぜえ《(いい)》カエルはよ、気が気でなくて《(気がもめて)》、とうとうサルどんを訪《たず》ねたんだと。サルは、日だまりさ、ながながとねそべって、気持ちよさそうに昼ねだと。

「サルどん、サルどん、ほかのぜえ《(いえ)》では、みんな種まきしてっつぉい《(しているよ)》。おらあ気がもめてよ。サルどんのつごうはどうなんだい。」

サルは、これを聞くとよ、にわかに腹おさえて、ウーンとうなったんだと。

「カエルどん。おれは、きのうから腹いてんだ《(いたいんだ)》。二、三日したらよくなっぺから、一人《ひとり》で作ってでくんにか《(くれないか)》。」

正直《しょうじき》なカエルはよ、

「腹がいてときは、だれでもできねしな。ほんじゃおれだけでやっぺ。安心して、早くよくなれや。」

って山おりたんだと。

それから、カエルは、わき目もふらず、なわしろ作りに精出《せい》してな、種まきのだんどりになってから、サルどんを訪ねたんだと。サルはカエルの姿《すがた》を見るが早いか、顔しかめてよ、

「このまえの腹いてのが、まだよくなっていねんでなあ。ああいてて、いてて。」

って言うもんだから、カエルは、また山おりて、せっせと、もみをまき、水をかけて、なえを育《そだ》てたんだと。

田植えの時期《じき》になってな、カエルは、またサルを訪ねていくと、今度はよ、木から落ちて、こしをしたたかぶって、ねどこにもぐりこんでしまってたと。

それからカエルは、暑い日ざかりの草とりも、一人《ひとり》でやって、やがて秋をむかえたと。ずっしり実《みの》った稲穂《いなほ》を見て、カエルは喜《よろこ》んでかせいだ《(はたらいた)》とよ。

秋のとり入れもすっかり終わったつうに《(というのに)》、そんじも《(それでも)》、サルは、顔出さねえんだと。

米をたわらにつめて、もちつきをするばっかりになったとき、気持ちのぜえ《(いい)》カエルは、サルどんを訪《たず》ねたと。

「もち米も、たんと取れたし、あした、もちつきすっぺと思ってんだが、サルどん、つごうはどうだべない。」

サルは、待ってたとばかり、大喜びでよ、

「それはよかんべ。病気もなおったしよ。おれ、もちつくからな。用意たのむでよ。」

ってとんだりはねたりしたんだと。ところがカエルのニコニコした顔をみて、サルは考えたとよ。

――うめえもちをうすのろのカエルどんに食われてはもったいねえ。ここでひとつ、おれさまのちえをしぼってやっぺ。

とな。

「なあカエルどん、ただ食っちまってはおもせぐねえ《(おもしろくない)》。どうだべ、向かいの山のてっぺんから、うすごと落として、先にもちさ追《お》いついたほうが、全部食われっことにすっぺでねえか。」

ってもちかけっと、カエルは、ちっともいやな顔もしねで、

「よかんべ。」

ってさんせいしたと。

さてその次の日、二ひきは、えっちらおっちら、うすを山のてっぺんさ運《はこ》びあげてよ、

「一、二の三。」

ってころがしたんだと。サルどんは、

「もちは、全部、おらのもんだ。」

とばかり、うすのあとを、むちゅうになって追いかけたとよ。カエルどんは、そのあとを、ぴょこん、ぴょこんとついていったと。

ところがよ、少し下《くだ》った木の根っこさうすがぶつかったはずみで、もちがうすからとび出っちまったんだとよ。サルどんは、もちがとび出っちまったの気づかねえで、うすを追いかけて

山を下っていっただと。カエルどんは、ぴょこん、ぴょこんとゆっくりはねていたんで、もち見つけたと。カエルどんは、大喜《よろこ》びしてよ、ぺたり、ぺたり、目を白黒させて食いはじめたと。

下の沢《さわ》まで、ころげ落ちてったうすに、ひとかけらのもちもついてねえのを見て、サルどんは、がっかりしてよ、あっちこっちもちをさがしながら登《のぼ》っていくと、カエルどんが、さもうまそうに、もち食ってたと。

「カエルどん、おれにもちっと食わせてくんにか。」

つうと、カエルは、見向きもしねで、

「サルどん、神様はよ、ちゃあんと見てらって《(見ておられて)》、おらにおさずけくださったんだ。なまけもんのあんたさは、ひとかけらだってやらんにぞい。」

って言ったんだと。

話　者・金谷　年蔵
再　話・根本　文弘
さし絵・槌谷　幸一

お天と様とヒバリとモグラ

あったかあい春の日のことだっつうな。

一羽《いちわ》のヒバリが、麦畑《むぎばたけ》の中で休んでっと、モグラが、もぐもぐって、土ん中から顔出して、声かけたんだと。

「ヒバリやん（さん）、ヒバリやん、おらのたのみ聞いでくんにが（くれないか）。」

「ほれは（それは）、どんな用事だい。おらにできっこっちゃ、やってやっぺ。」

「じつは、お天と様に、おらの金、貸《か》してたんだげんちょ（けれども）、早く返してもらいてえんだ。あんたは、空さ高く上がれっから、もしも、お天と様に会ったら、おらの金、返してくれるようたのんでくんにべが《(くれないだろうか)》。」

って言ったと。もともと正直《しょうじき》なヒバリは、二つ返事で引き受《う》けたっつうな《(ということだ)》。ほれ《(それ)》から、

「てんと、てんと、金よこせ。てんと、てんと、金よこせ。」

ってさけびながら、お天と様のそばまで行ったんだと。すっと、これを聞いたお天と様は、

「何《なに》言《い》ってんだ。おまえに、いつ、金借《か》りた。」

って、上からどなりつけたんだと。びっくりしたヒバリは、すうっと、まっすぐに降《お》っちゃん《(降りたけれども)》だぎんちも、また、モグラのことばを思い出して、

「てんと、てんと、金よこせ。てんと、てんと、金よこせ。」

ってさけびながら、空高く上がっていったんだと。ほうすっと《(そうすると)》、また、お天と様に、

「何言うかっ。いつ、金借りた。」っておこらっち《(しかられて)》、また、すうっと降っちぐんだと。

こんなことがあってから、モグラは、いたくお天と様ににくまっち《(にくまれて)》、決《けっ》して地上に顔出さんにぐなったと。もし、地上に顔出せば、お天と様のいかりで、たちまち死んじまっつうな。正直者のヒバリは、ほんなこと知んにで、

「てんと、てんと、金よこせ。てんと、てんと、金よこせ。」

って、さけびながら、いつも空さ高くまい上がってんだと。

話　者・香内佐一郎
再　話・根本　文弘
さし絵・佐藤　悳

ドブときょうで

むかし、あったつんだな《ということだ》。

あっとこ《あるところ》に、太郎《たろう》と次郎《じろう》つうきょうで《兄弟》がいたつんだな。

二人《ふたり》は、とても働《はたら》き者《もの》だったげんちょも《けれども》、しゃで《弟》のほうは、みんなよりちいと、そそっかしく、はやのみこみ者だった。ほんじも《それでも》、二人は、毎日仲《なか》ぜえぐ《なかよく》くらしてたんだと。

ほのころ《そのころ》は、どこおにも、酒屋《さかや》なんてねがった《なかった》がら《から》、村では、どこおでも、わがぜえ《自分の家》でドブ(自家製《せい》のお酒)こさっといて《つくっておいて》、ほのドブ飲《の》んだんだと。

太郎《たろう》も、次郎《じろう》も、酒が大好《だいす》きだったもんだから、ドブをうまあくこさうこと《（つくること）》覚《おぼ》えて、ほの冬は、かめこ（お酒を入れる入れ物）さ三つもこさっといたんだと。ほして、えんの下さ二つ、はり（家の天じょうをささえる大きな横木）の上さ、残《のこ》りの一つかくしておいたっつうな。きょうでは、山さ木切りさ行って来たってば《（といっては）》、かめこから、ドブすくって飲《の》み、わらぜえく《（細工）》で、背中《せなか》寒いってば、ドブ飲んだもんで、いつの間にか、二つのかめこのドブ、みいーんな飲んじまったんだと。

ほれからちょっとすぎたある日、ほの日は、朝げ《（朝がた）》から雪がちかちか降《ふ》って、そこ寒い日だったつうな。

二人《ふたり》は、わら打ちしたり、なわもじったりしてたんだと。ほして、だんだん晩方《ばんかた》になってきたっけが、二、三日飲まねかったドブの味《あじ》思い出して、飲みたくなったんだと。

飲みてな、飲みてなって思っていたら、太郎はがまんしらんにゃぐなって《（できなくなって）》、

「あれ、降《お》ろしてもぜえころでねえがや《（いいころでないか）》。」

って、次郎に言ったと。次郎も、のどから手が出るほど飲みたくていたもんだから、

「ほだなあ。あんちゃん、ほうすっぺ。」

って、喜《よろこ》んで返事したんだと。ほれで、はりの上さ上げておいた、いま一つのかめこを、下さ降ろすことになったんだと。太郎は、

「おれ、上さあがって、かめこ降ろすかんな。おめは、下で受けとれよ。ぜえか《（いいか）》。」

つうと、

「うん。ぜえとも。」

って、次郎は、わくわくして言ったたと。

ほれから、太郎は、荷なわを持って、うすぐれえはりの上さ、上がってったつうな。ほして、ドブのかめこがひっくりけんねように、荷なわでぎっちりしばって、そろそろと降ろしてよこしたんだと。

「ほら、降ろしてやっつぉ《やるよ》。よっくつかめよ。ぜえか、げす《しり》のほうつかめ、げすのほう。」

太郎は、でえじ《大事》にしまっといたドブをこぼしっちまっては、何にもなんねくなっちまんで、下さいる次郎《じろう》さよっく言って聞かしたんだと。

次郎は、上のほうから、そろそろ降《お》っちくるかめこを見上げていたげんちも、あんちゃが、

「げすのほうつかめ、げすのほう。」

つうもんだから、わがげす、つかんじまったんだと。あんちゃは、かめこのげすと言ったのに、しゃでは、両《りょう》ほうの手を、うっしょにまわして、わがのげす、ぎっちりおさえていたんだと。

はりの上では、太郎《たろう》がはらはらして、

「つかんだか。よっくつかんだか。」

って何回も言ったんだと。次郎は、次郎で、ほのたびに、両手さ力いっち、わがのげす、ぎっちりおさえてたんだと。ほして、

「でえじょうぶだ、ぎっちりつかんでっから。」

って答えたんだと。ほうして、わがの前さゆらゆら降っちきたかめこさ手出しもしねえで、ぼんやり見てたんだと。

太郎は、くれえはりの上から、これまた、うすぐれえ下のほうさ向かって、

「つかんだか。つかんだか。」

って、念《ねん》をおしたつうな。

「つかんだら、はなすかんな。ぜえか。」

つうと、次郎は、

「うん。よっくつかんでる。」

つうもんだから、太郎は、安心して、もってた荷なわ、はなしっちまったんだと。

かめこは、ダガーンとにわ《土間》さ落ちて、ぐしゃっとぼっこれ《こわれて》っちまって、中さ入ってたドブが、どろどろっとこぼっちゃんだと。

太郎は、荷なわをはなしたとき、おかしな音したから、

「ややっ。」

って、気もんで、はしご降っちきたと。

ほうしたっけ《そうしたら》が、やっぱし、ドブは、次郎の足もとのとこまでおっかけで、のろのろっと流れでたんだと。

次郎は、楽しみにしてたドブがこぼれっちまったもんだから、いつまでも、両ほうの手でわがげすおさえたまんま、ぽかあんとして、足もとのしょい《白い》流れ見てたんだと。太郎もおこるに

おこらんにで、どんどん流さっち、にわ《(土間)》さしみこんでいくドブを、

「いたましこと《(おしいこと)》、したなあ。」

って見てたんだと。次郎も、

「うん。いたましことしたなあ、あんちゃん。」

って、がっかりして、見てたんだとお。

話　者・太田　隆夫
再　話・根本　文弘
さし絵・鈴木　隆一

うそこき孫《ま》左《ざ》衛《え》門《もん》

むかし、信夫《しのぶ》の里、御山《おやま》の北の方にある村に、孫《ま》左《ざ》衛《え》門《もん》つうほらふきの名人がいたんだと。

ある日、孫左衛門が、江戸《えど》へ旅《たび》したときのことだっつうな。

孫左衛門は、広い江戸の町なみを見わたしながら、

「江戸の町は、日本一大きいと聞いて来たんだが、何だって、思ってたより小さいもんだなあ。」

って、あたりの人に聞こえるような、高い声で言ったんだと。

江戸《えど》の人たちは、江戸より大きいところはないもんと思ってたから、そだこと《(そんなこと)》言う人はどこの人だべと思って、

「そういう、あなたは、どこからやってきたのですか。」

って聞いたんだと。

そこで、孫左衛門《まござえもん》は、こんときとばかりと胸《むね》をはって、

「みちのくは、信夫《しのぶ》のきじらくが里、名まえは、子《こ》の子《こ》の左衛門つう者だ。おらいの屋敷《やしき》は、それはそれは大きく、三斗蒔《さんどまき》（約《やく》四十キログラムの種をまくほど）の畑があってな、屋敷のすみには、十八里《り》（約七十二キロメートル）も藤《ふじ》のつたがはってんだ。馬小屋には八匹《はちひき》のみごとな馬をかい、家の前には、早い人で十四日わたり、おそい人で十五日わたりの橋だってあんだ。それに、母屋《おもや》の東には、日の見やぐら、西には、月見やぐらをそなえて、屋根は、五万の垂木《たるき》（棟《むね》から軒《のき》にわたす木）に、ヒョウの毛皮《けがわ》でできてんだ。」

って、すごい大ぼらをこいたっつうな。

すっと、江戸の人たちはたまげてしまって、ぜひその大きな屋敷を見たいもんだと思い、信夫の里を訪《たず》ねてきたんだと。

「このあたりに、きじらくが里の子の子の左衛門という人は、いないか。」

って村の人に聞くと、その人は、

「ああ、それは、あの村の孫左衛門のことだべ。孫左衛門め、また大ぼらこいできたな。」

って言ったんだと。

それでも、江戸の人は、その村の孫左衛門の家を訪ねたっけが、江戸で聞いたことはまったくのうそで、みすぼらしい屋敷に住《す》んでたっつうな。

江戸の人は、なぜ、きじらくが里の子の子の左衛門と言ったのかわけを聞くと、孫左衛門はすずしい顔して、

「この村には、鷹《たか》がいないので、雉子《きじ》が楽《らく》にくらせっから、きじらくが里と言うんだ。子の子どもは孫だから、子の子の左衛門は孫左衛門だべ。」

って答えたんだと。それでは、三斗蒔の畑とはって聞くと、孫左衛門は、家の前の小さな畑をさして、

「三斗の種ではなくて、春、夏、秋と三度にわたって、種をまく畑だから、三度まきだべ。」

って答えたっつうな。

「十八里の藤はどこだ。」

って、屋敷のかきねを見ると、すみっこに二本の細《ほそ》いクリの木があったんだと。孫左衛門はそこにまきついている、ひもみでな《（みたいな）》藤を指さして、

「二本のクリの木だから、（九里の倍は）十八里

だべ。」

って言ったんだと。

今度は、八匹《ひき》の馬のことを聞くと、孫左衛門《まござえもん》は、江戸《えど》の人を馬小屋へ連《つ》れてって、やせこけた一匹の馬を見せたんだと。その馬は、えさを入れる鉢《はち》を引きずっていたから、

「八匹でなくて、鉢引《はちひ》きの馬のことだ。」

って言ったんだと。

「東には日の見やぐら、西には月見やぐらと聞いたが、それはどこにあるのだ。」

つうと、孫左衛門は、家の中さ入っていったと。そして、東側《ひがしがわ》の屋根をささえていた竹ざおを

ぐいと持っちゃげたっけが、屋根がぱくっとあいて空が見えたっつうな。西側の竹ざおもぐいと持っちゃげっと、やっぱし西の空が見えたんだと。

「屋根は、五万垂木《だるき》に、ヒョウの皮って言ったが、それは何だ。」

って、屋根を見ると、ごまのくきであっちこっちできていて、雨もりのするところは、むしろ(わらで作った俵《たわら》のしきもの)がかかってたっつうな。

江戸から来た人は、孫左衛門の大ぼらにあきれた顔しながら、最後《さいご》に、

「早い人で十四日、おそい人で十五日もかかる橋というのは、どこにあるのか。」

って聞いたっつうな。すっと、孫左衛門は、家の前の小川にかかっている橋を指さしたもんだから、江戸の人は、

「こんな橋が、どうして十四日もかかんだ。」

って、おこっちまったんだと。けれども、孫左衛門はへいきな顔して、

「御山《おやま》のあかつき参《まい》りのときに、早く出かける人は、一月十四日のよい(夕がた)に出かけ、おそい人は、十五日の明け方に出かけっかんだ。」

って言ったんだと。江戸から来た人は、とうとうこうさんして、何も言わねで、帰っちまったっつうな。

話　者・矢吹　群作
再　話・根本　文弘
さし絵・佐々木八郎

ほらふき名人と子ども

あっとこ《(あるところ)》にいたっつうもんなあ。ほらふきの名人があったつうもんなあ。

あっときのこと、このほらふきの名人、用事ができてな、夫婦《ふうふ》してとなりの村さ出かけていったと。るす番は、このほらふきの名人の子どもがしていたんだそうだ。そうしたとこさ、

「こんにちはあ。ほらふきの名人さんのお宅《たく》はこっちですかい。」

と、お客さまがたずねてきたとさあ。ほしてな《(そして)》、

「ほらふき比《くら》べに来たんだが、とうちゃんはどこさ《(どこに)》行った。」

と言ったと。すっとな、このほらふきの名人の子どもは、

「とうちゃんは、富士《ふじ》の山くずれと聞いたので、線香《せんこう》一本持って、つっかり《(つっかい)》に行ったぞい。」

と言ったと。この返事に、客は口をあんぐり開《あ》けてたまげたども《(けど)》、こんどは、

「そんなら、かあちゃんは。」

と聞いてみたと。するっつうと《(そうするると)》、その子どもは、

「かあちゃんは、阿武隈川《あぶくまがわ》の堤防《ていぼう》が大水でぬけそうだからって、しゃくし持って止めさ行っ《(行っ)》たぞん《(たよ)》。」

と言ってやったと。これを聞いた客は、たまげてしまって、

「ううむ。子どもでせえこんな大ぼらふきでは、とても親たちには歯がたつめえ。」

と言って、にげ帰ってしまったと。

まもなく親たちが帰ってきて、この話を聞くと、父親は、

「この野郎《やろう》、太《ふと》い野郎だ。今から親以上《いじょう》のほらふきでは、末《すえ》が思いやられっから、今のうちにぶん出しっちまえ《(おい出してしまえ)》。」

と言ってな、ふとん一枚《まい》しょわさっち《(せおわされて)》、ぶん出さっちゃけとさあ。

話　者・坪池　忠夫
再　話・菊地　久男
さし絵・佐久間　敬

へこきよめ

むかし、あっとこに住んでいたと。だれでもびっくりするような、へをたれるむすめが住んでいたっつうんだな。

このむすめも年ごろになって、そろそろよめに行くことになったと。ほんじゃ《(けれども)》ぎんちも、だれもまねのできねえ、悪《わる》いくせがあったもんだから、とっさま《(父)》も、かあさま《(母)》も、そのへをたれるくせを、よくよくがまんするように言い聞かせてよめにやったと。

むすめも、

「よめに行ったら、へったれぐせ気いつけろよ。」

と言わっちゃことが《言われたことが》、耳に残《のこ》っていたんで、よめに行ったばかりのころは、じっとがまんしてくらしていたと。そんでも、二月《ふたつき》、三月《みつき》とたつうちに、だんだんへをこらえているのが苦しくなってきて、よめの顔色は、前より悪くなってきたと。

　冬のある日のこと、よめは、おしゅうとさまといっしょに、針《はり》仕事をしていたっつうんだな。炉《ろ》には木の根っこがいぶり、格子《こうし》の破《やぶ》れた戸は、風でガサガサ鳴ってたと。おしゅうとさまが、ひょいと見るっつうと、よめが苦しそうな顔をしてんのに気がついたんで、

「あねね、あねね、なんした《どうした》。顔色わりいようだぞ。」

って、声かけたと。すっと《すると》、よめは、

「おらあ、どこもわりく《わるく》ねぞい。」

と答えたと。そんでも、おしゅうとさまは、よめの顔色がずっと前から悪いの知っていたんで、

「それにしても、顔色わりいのは、こねえだから《この前から》でねえか。ほんとに何でもねえのかそら。体《からだ》でもわりんだら、ちいっと休んだらなじょった《どうだ》。」

と重《かさ》ねて言ったと。よめは、おしゅうとさまからそんなに言われるもんだから、とうとうかくしてもおけず、

「はあ、おら、腹張《はらは》って腹張って、こらえていらんに《いられないぐらい》くれ苦しんだ。ほんじも《それでも》、ぶじょほ《不作法》になっから……。」

と、青い顔して答えたと。このことを聞いて、おやじどのも、おしゅうとさまも、

「何だ、そんなことか。」

と、おかしがったり安心したりして、

「ほだことなら《（そんなことなら）》、何もかまあことねえ。へたっちがったら《（おならをしたかったら）》、たれてもええぞ。そだこと《（そんなこと）》こらえていっと《（いると）》、がおっちまあぞ《（体をこわしてしまうぞ）》。」

とよめに言ったと。そんでも、よめは気つかって、

「はあ、ほんじも《（それでも）》、おらのものは、みんなのへとちがうぞい。みんなと同じぐれの《（ぐらいの）》へだら、なんもこらえていっことなんてねえぎんちも《（ないけれども）》、おらのへは、みんなたまげっちまほどのもんで……。」

と、さも困《こま》ったように答えたと。

「ほんじゃって《（それでも）》、ほがのことでねえんだから、早くたっちゃほう《（したほうが）》、せいせいできるわ。何もえんりょしてっことねえぞ。」

おしゅうとさまも、何とかよめが気つかわねえようにと、こう言ったと。そんじ《（それで）》よめも安心して、

「ほんじは《（それでは）》、ごめんしてもらうべ。その前に、おとっつぁまは、炉《ろ》ぶちさつかまってくなんし《（ください）》ょ。おっかさまは、その戸さつかまってくなんしょ。おらのものは、みんなとちがあ、へだもんだから……。」

と言ったそうだ。

おやじどのは、今までわら細工《ざいく》をしていたのに、その仕事をやめて、炉ぶちさぎっちりつか

まったと。ほしておしゅうとさまは、針《はり》をおいて、これもぎっちり戸につかまったと。ほして、よめのへ《(そして)》がどんなものかと思ってたんだと。

よめは、おやじどのとおしゅうとさまが、炉ぶちと戸につかまったのを見定《みさだ》めたとたん安心してしまい、こらえていたのを一気に外に出したと。

まず、いちばんはじめに、

「ボカン。」

と大きな音をたてて、へを放《はな》ったと。それに、今までがまんしていたのが、腹《はら》にたまっていたので、次から次へと続《つづ》けて出てきて、なかなかとまんねかったと。

このへの勢《いきお》いで、炉《ろ》ぶちにつかまってたおやじどのは、土間《どま》のすみの土台石《どだいいし》んとこさ飛《と》ばされて、こしをうっちげっちまった《(うちつけてしまった)》と。おしゅうとさまは、戸さつかまって、

「よくも、こだ大きなへ、あったもんだ。」

と、なかば感心《かんしん》し、なかばあきれかえっていたところ、おしゅうとさまもまた、ぷああっと、屋根の煙出《けむだ》しのところまで、軽《かる》く飛ばされっちまったと。

　このできごとに、まさかと思っていたおやじどのもおしゅうとさまも、たまげっちまったと。よめさまも、おしゅうとさまが、すすけた煙出しのところで青くなっているのを見て、今さらながら、自分のへの力の大きいことに、たまげていたが、次々に出てくるへをとめることができねえかったと。煙出しの細木《ほそき》につかまって、下の方見ていたおしゅうとさまは、

「あね《(よめ)》、あね、へぐちとめろ。への口とめてけろ。」

と、ふるえる声でたのんだしけ《(たのんだそうだ)》。

　よめはそれから少したって、やっとのことで、へをたれるのをやめだしけが、おしゅうとさまの顔色は、さっきのよめの顔色と同じぐれい、青くなってたと。そして、煙出しんとこから降《お》ろされたあとでも、よっぽどこわかった《(おそろしかった)》とみえて、まだ、せかせかって、かたで息《いき》をついていたっつうことだ。

話　者・太田　隆夫
再　話・菊地　久男
さし絵・力丸　丈夫

子どもずきな地蔵《じぞう》さま

むかし、むかし、庄兵衛《しょうべえ》という名主《なぬし》がおったと。庄兵衛さんは、情《なさ》け深《ぶか》く、かみさまほとけさまをだいじにする、信心《しんじん》のあつい人だったつうんだな。

ある日のこと、庄兵衛さんが村を見回《みまわ》ってい《(い)》たとこ《(たところ)》、道ばたで、わらしども《(子どもたち)》が遊んでいたと。よく見るっつうと、わらしどもが遊びに使ってんのは、石の地蔵《じぞう》さまだったんだちけ《(そうだ)》。地蔵さまば《(を)》、なわでしばったり、どろの中さころがしたりして遊んでいたっけど。庄兵衛さんは、わらしどもが、そだことしていっとこさ《(そんなことをしているところに)》、通りが

かったもんだから、

「何ちゅうばちあたりのことをする。地蔵《じぞう》さまば、そだふうに《(そんなふうに)》、そまつにしてなんねえ。」

と言ってしかりつけ、地蔵さまをしょって、わげえさ《(自分の家)》帰ってきたと。ほうして、

「地蔵さま地蔵さま、いらく《(たいへん)》もってえねえことしっちまってえ。」

と言いながら、地蔵さまば井戸《いど》できれいに洗《あら》って、とこの間さかざっておいたと。

ところが、その晩《ばん》、地蔵さまが庄兵衛《しょうべえ》さんの夢《ゆめ》の中に現《あらわ》れて、

「わしが、せっかく子どもたちと楽しく遊んでいたのに、こんなところにたいせつにかざられ、きゅうくつでたまらぬ。早くもとにもどしてくれ。」

と言ったと。庄兵衛さんは、

「これは申《もう》しわけねえことしっちまった。」

と思い、さっそく道ばたに小さなお堂《どう》をたて、とびらが自由に開《あ》くようにして、地蔵さまばおまつり申《もう》したと。

それからは、地蔵さまがお堂を出て、子どもたちと遊んでいる姿《すがた》が見られるようになったたんだちけ《(だそうだ)》。そしてな、この地蔵さまと遊ぶ子どもは、みな元気に育《そだ》っていったんだと。それになあ、病気の子どもでせえ《(さえ)》、地蔵さまをおがませるつうと、不思議《ふしぎ》に重い病気も直《なお》ったんだと。

そんで、この地蔵さまは、めんげえ《(かわいい)》子育て地蔵さまって、名だかくなったとさ。

再　話・菊地　久男
さし絵・鈴木　信光

県中のむかし話

子育《こそだ》てゆうれい

むかし、あったと。

美《うつく》しくて、気だてがよくて、働《はたら》きもののよめさまが、ややなすころに《(あかんぼうが生まれるころに)》死んじまったと。ほうで《(それで)》、かんおけさおさめて、らんとさ《(おはかに)》うめっとき、どさっと落としたはやいに《(ひょうしに)》、ややが生まっちゃんだべなあ。

むかしは、死んだ人さたびはかせて、つえもたせて、ぜに《(お金)》もせえで《(入れて)》やったんだがんな《(からな)》。

ほうしたれば《(すると)》、らんとの近くの店屋《みせや》に、晩《ばん》げに《(夜)》なったれば《(なったら)》、あめもち買いさ来たおなご《(女)》人がいたと。ほうして《(そして)》、戸の外から、ひくい声で、

「あめもち一つ、くんつぇ《（ください）》。」

って言うだと。ほうして、白い手で、ぜに一文《もん》出しただと。

次の日も、あたりが暗《くら》くなっとおなご人が来て、また、

「あめもち一つ、くんつぇ。」

って言うだと。

三晩《みばん》も四晩も来《く》っから、店の人もあやぶんで《（あやしく思って）》、

「あのおなご人は、どこの人だべ。こんだ来たら、後《あと》つけてみっぺ。」

と思って、とっつぁまと相談《そうだん》して待ってたれば、また晩げになっと、戸の外からひくい声で、

「あめもち一つ、くんつぇ。」

って言うだと。ほうで《（それで）》、かがさまが、こっそら後つけていってみたれば、らんとんとこで、す

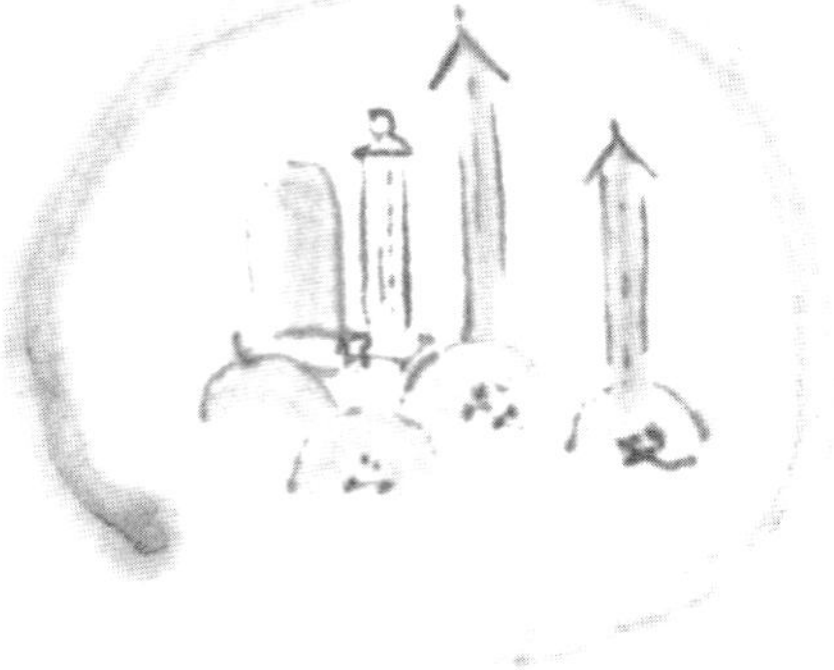

うっと姿《すがた》がめえなく《(見えなく)》なったと。かがさまは、気びわりく《(気味悪く)》なって、びっくりして帰ってきたと。

不思議《ふしぎ》なこともあんもんだと思っていたれば、また、晩げになって、おなご人が来て、

「あめもち一つ、くんつぇ。」

って言うだと。こんだは、とっつぁまと二人《ふたり》で後つけていってみたれば、やっぱしらんとんとこで、すうっと姿がめえなくなったと。

「いやいや、不思議なこともあるもんだ。あのおなご人は、せんに《(さきに)》死んだよめさまにちげえねえ。」

と語《かた》っているうちに、土ん中から、

「オギャー、オギャー。」

って、ややの泣《な》く声が聞こえたと。

いや、こうしてはおがんにぇ《(おかれない)》と思って、とっつぁまとかがさまとして《(一しょに)》、いっしょうけんめい土ほったれば、よめさまは死んでいたげんとも《(いたけれども)》、ややはちゃんと生きていて、あめもち食ったあとが、あたりいっぺえにあったと。ぜには、はあ、なくなっていたと。

その男のややこは、後《あと》で坊《ぼう》さまになって、母さまの供養《くよう》をしただと。

話　者・吉田マサミ
再　話・小泉順治郎
さし絵・槌谷　幸一

与《よ》五《ご》郎《ろう》と殿様《とのさま》

むかし、与五郎《よごろう》というおけやがあったと。よめさまもなくて、ひとんじ《(ひとりで)》働《はたら》いていたと。あっとき《(あるとき)》、暗《くら》い晩《ばん》げに、ひぐえん《(えんがわ)》でドサッというずない《(大きい)》音がすっから、びっくりして出てってみっと、長持《ながも》ちがあって、そん中さ、きれいなおひめさまがいたんだと。ほうして《(そうして)》、与五郎のよめさまになったんだと。

そのよめさまは、なんでもよく気がついて、よく働くし、近所の人にも親切《しんせつ》だったから、たちまち与五郎さのよめさまどって《(と言って)》村じゅうのひょうばんになったと。

そのことが殿様《とのさま》にも聞こえて、与五郎が呼《よ》び出さっちゃと。びっくりしてお城《しろ》さ行ってみっと、

「おひめさまをお城につれてこい。」

って命令《めいれい》したと。与五郎は、

「それは、なりません。」

とことわったれば、

「そんならば、ウメの千年木《せんねんぼく》に、スズメ千羽《せんば》持ってこい。」

って言うだと。

与五郎は、わげ《(自分の家)》さ帰っておひめさまに話すと、

「そんなこと、わけないことです。」

と言って、荷車《にぐるま》にウメの千年木をつけて引いてきたと。

「スズメは。」

と聞くと、

「スズメは後《あと》からまいります、と言って、手ばたき三回してみっせ《(みなさい)》。」

とおせえ《(教えて)》でくれたと。

与五郎は、さっそく荷車引いてお城さ行くと、殿様も、

「ほう、これはりっぱな千年木だ。スズメはどうした。」

と言うので、与五郎が、

「スズメは後《あと》からまいります。ポンポンポン」

とやったれば、パタパタパタパタと、スズメが千羽飛《せんばと》んできて、千年木《せんねんぼく》にとまったと。

いやまず、これには殿様《とのさま》もけらいも与五郎《よごろう》もびっくりしたと。スズメが千羽、チィチィチィにぎやかだったたと。

与五郎は、やれやれと安心《あんしん》してわげさ《（自分の家）》もどっていたれば、また、殿様に呼《よ》び出さっち《（呼び出されて）》、

「千匹《びき》の馬に、千反《たん》のかやを持ってこい。」

って命令《めいれい》されだと。与五郎もよくよく困《こま》って、おひめさまに話すと、おひめさまは、

「心配しないで待ってっせ《（待ってなさい）》。」

とかたって《（話して）》、毎日毎日、アリをひろっては馬にしたて、かやも千反用意《ようい》して、与五郎に引かせたと。

殿様は、びっくりしたり喜《よろこ》んだりして、かやはお城《しろ》のそばに置《お》かせたと。馬は馬屋さ置かせたと。

安心して、わげさもどっていたれば、また呼び出さっち、

「もっけ（物怪《もののけ》）の経《きょう》ばこ持ってこい。」

って言われだと。与五郎は、なんのことだかわかんなくって、おひめさまに話すと、

「心配しないで待ってっせ。」

とかたって、与五郎の仕事場《しごとば》で毎日毎日仕事して、戸だなをこさえあげたと《（つくりあげたと）》。

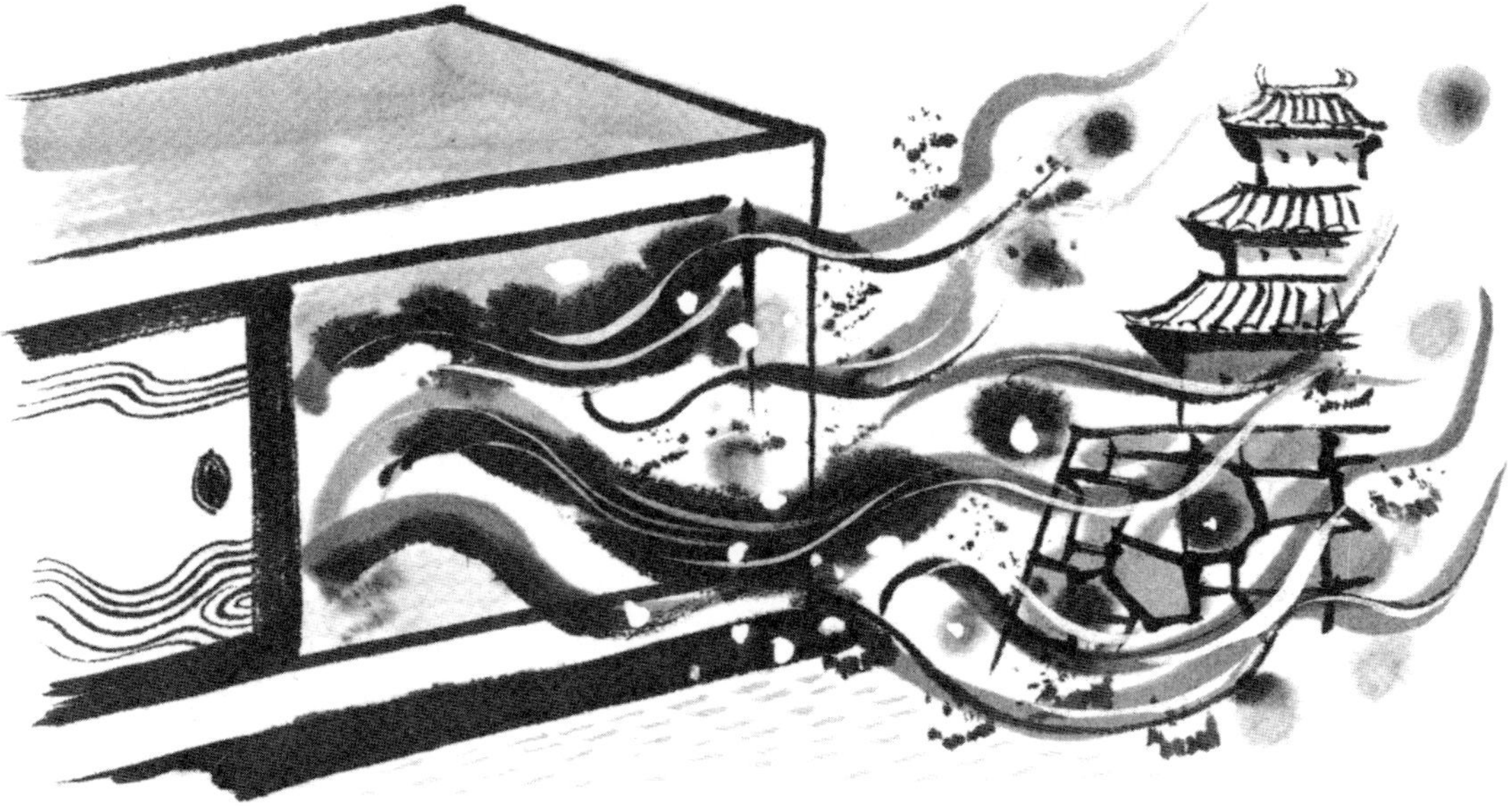

左の戸引くと、陣羽織《じんばおり》を着《き》た殿様の行列《ぎょうれつ》が、ぞろぞろぞろぞろ見えんだと。右の戸引くと、まっ赤《か》な火がばあっと出んだと。

与五郎がお城さ運んで行ったれば、殿様が左の戸引いて、陣羽織の行列みて、おおきに《(たいへん)》喜んだと。ほれから、右の戸引いたれば、ばあっと火が出て、あたりに火がついて、千反のかやさも燃《も》え移《うつ》って、お城も、何もかも燃えぎっちま《(燃えつきてしまったそうだ)》ったと。

ほれから、与五郎とおひめさまは、しやわせ《(しあわせ)》にくらしたと。

話　者・吉田マサミ
再　話・小泉順治郎
さし絵・佐藤　悳

ちょろき

むかしむかし、村のはずれさ、じいさまとばあさまがいたと。

じいさまとばあさまには、わらし《(子ども)》がなかったと。ほうで《(それで)》、お宮《みや》さ行っては、

「どうか子めら《(子ども)》がさずかりますように。」

と、毎日おがみおがみしていたと。ほうしたれ《(そうしたら)》、元気のいい男っこが生まっちゃと《(生まれたと)》。

じいさまとばあさまは、おおきに《(たいへん)》喜《よろこ》んで、男の子が長生きするようにいい名まえつけてもらうべと、ねぎさま（神主《かんぬし》さま）さたのみに行ったと。ねぎさまは、

「よしよし、長生きするように、長い名まえをつけてやろう。」

と言って、紙さ書いてくっちゃと《くれたと》。その長ぁい名まえは、

「しーいてきてき　てきしょのおんぼう　ちょうりんぼう　やなぎわらではどうきぼう　いっちょうぎりか　ちょうぎりか　ちょちょらのてんまんむくぞ　よこちょうのようすけ」

ということだ。

じいさまとばあさまは、おおきに喜んで、いっしょうけんめい育てたと。

ほうして《そうして》、ずんずんおっきくなって、八つぐらいになったとき、ちかまの《近所》わらしども《子どもたち》と川で水あびしてたれば《いたら》、足すべらせて、深《ふか》みさはまって流さっちゃと。いっしょにいたわらしどもが、びっくりして、

「しーいてきてき　てきしょのおんぼう　ちょうりんぼう　やなぎわらではどうきぼう　いっちょうぎりか　ちょうぎりか　ちょちょらのてんまんむくぞ　よこちょうのようすけが、川におぼっちゃあ《おぼれたあ》。」

「たすけてくれえ、たすけてくれえ。」

とさわいだげんとも《けれども》、あんまり名まえが長いもんだから、おっついでいったときは《追いついていったときは》、はあ《もう》水いっぱいのんで死んでいたんだと。

じいさまとばあさまは、よくよく《たいへん》がっかりして、またお宮さ行ってはおがんだと。

ほうしたれ《そうしたら》、また、男っこが生まっちゃと。ほうして、またねぎさまさ名まえつけてもらっ

たれば、

「長い名まえで、早く死んでしまったから、こんどは短《みじか》い名まえで長生きさせよう。」

と言って、紙さ書いたれば、

「ちょろき」

っていう名まえだったたと。

ちょろきが八つになったたとき、また、ちかまのわらしどもと、川さ水あびに行ったたと。ほうして、また足すべらせて、深みさはまって流さっちゃと。いっしょにいたわらしどもが、

「ちょろきがおぼっちゃ(おぼれた)、ちょろきがおぼっちゃ。たすけてくれえ、たすけてくれえ。」

ってさわいだもんだから、そこらのたんぼさいた人が、すぐ来てたすけてくっ(くれた)ちゃと。

ほうして、ちょろきは、うんと長生きしたんだと。

話　者・七海　トミ
再　話・小泉順治郎
さし絵・鈴木　隆一

惣兵衛《そうべえ》どんの赤ネコ

むかし、むかし。ここの村のさきには、古《ふる》くから石の供養塔《くようとう》が立っていて、そこらはらんば《（ぼち）》になっていたんだと。

供養塔の後《うし》ろには、大人《おとな》三人手えつないで、やっとまわるぐれえの、大きなエノキの木があって、らんばのぐるり（まわり）には、古い杉《すぎ》の木が、うっすり《（うっそう）》としていたんだと。んだから《（だから）》、昼でも暗《くら》くて、気持ちわりぐらいだったんだと。

夜になっと、どこからかキツネが集まってきて、惣兵衛《そうべえ》どんの赤ネコが来ねえうちは、まあだ拍子《ひょうし》がそろわない。

と歌ってはおどっているのを、近所の人たちは、しょっちゅう見たり聞いたりしていたんだと。

　ある日、この村の近くに住んでいた惣兵衛《そうべえ》どんの家で、女《にょう》ぼうのつるが、かいネコの赤《あか》ネコが火《ひ》ばちのそばにおいてあった手《て》ぬぐいでがらり《(さっと)》はちまきをしてとび出すのを見たんだと。

　耳をすますと供養塔《くようとう》のほうから、キツネらが、

　　惣兵衛どんの赤ネコが来《こ》ねえうちは、
　　まあだ拍子《ひょうし》がそろわない。

とおどりながら歌っている声が、風にのって聞こえてきたんだと。

　そのうち、おどりの拍子がうんと《(たいへん)》よくそろって、にぎやかになってきたんだと。女ぼうのつるは、

「ははあ。いま、おらい《(わたしの家の)》の赤ネコが、手ぬぐいをとってはちまきして、出ていったぎんじ《(けれども)》も、それで拍子がよくなったんだなあ……。」

と、はっと気がついたんだと。

　そして、しばらくたって、赤ネコが帰ってきたんだと。そこで、女ぼうのつるは、赤ネコに、

「おめえさんは、なんだっておどりがうまいんだとない。今夜は、ほかの人はだれもいねえから、おれの目の前でおどりをおどって見せてくんね《(見せてください)》かい。」

とたのんだんだと。赤ネコは、すぐ手ぬぐいではちまきをして、おどってみせたんだと。そのしなのいいこと、身ぶり手ぶりのいいこと。女ぼうのつるは、すっかりたまげたり、感心したりしてしまったんだと。

ばんげ《（夜）》になって、惣兵衛どんが帰ってきたんだと。女ぼうのつるは、惣兵衛どんに赤ネコのことをくわしくかたって《（言って）》聞かせたんだと。惣兵衛どんは、だまってしばらく考えていたんだと。そこさ、赤ネコが、めんげえ《（かわいい）》声でニャーンとなきながら家の中さはいってきて、火《ひ》ばちのそばさごろんとねころんだんだと。

惣兵衛どんは、こんなおっかね《（おそろしい）》、あやしいネコを生かしてはおかれないと思って、火ばちの中にあった太い火ばしを取るより早く、そばにいた赤ネコめがけてぶったたいたんだと。赤ネコは、すばしこく、火ばしの下をくぐってにげて、あっというまに梁《はり》の上さよじ登《のぼ》ってしまったんだと。そして、おっかねえ顔で惣兵衛どんをにらみつけて、

「おれは、今までちっとも悪《わる》いことをしたおぼえがねえ。ただおどりが好《す》きでおどっただけなのに、おれを殺《ころ》すことはねえべ。今にみろ！　きっとおまえをとり殺してくれっつぉ！」

と言って、さっと煙出《けむだ》しからにげていって、あとは帰ってこなかったんだと。

惣兵衛どんは、それからまもなく、熱病《ねつびょう》にかかって死んでしまったんだと。

話　者・桑原　ます
再　話・桑原　兵永
さし絵・佐々木八郎

彦八《ひこはち》どんとタヌキ

村のはずれさ《（に）》、彦八《ひこはち》どんという若者《わかもの》がいたと。

彦八どんは、うんと《（たいへん）》働《はたら》きもんで、うんと勉強もんだったと。

きょうもまた、夜おそくまで油さ火つけて、ねじりはちまきで勉強してたと。ほうしたれ《（そうしたら）》、向かい山の古ダヌキが、腹《はら》たたきたたき、

「彦八どんは、ポンポコポン。」

とやったもんだと。

彦八どんは知らんぷりして、勉強していたと。

ほうしたれ、また、

「彦八どんは、ポンポコポン。」

と、前よりもずない《(大きい)》音でやんだと。なん回もなん回もやるもんだから、うっつぁしくて《(うるさくて)》、彦八どんも庭さ出て、やっつけてやっぺ《(やっつけてやろうと)》と思って、おけたたきたたき、

「そんなやっつあ、ドンデンドン。」

と返してやったと。

ほれからは《(それからは)》、彦八どんとタヌキのけんかで、

「彦八どんは、ポンポコポン。」

「そんなやっつぁ、ドンデンドン。」

「彦八どんは、ポンポコポン。」

「そんなやっつぁ、ドンデンドン。」

「彦八どんは、ポンポコポン。」

「そんなやっつぁ、ドンデンドン。」

とやっているうちに、だんだんタヌキががおってきて《(弱ってきて)》、音がちんちゃく《(小さく)》なってったと。

「彦八どんは、ポンポン。」

「そんなやっつぁ、ドンデンドン。」

「彦八《ひこはち》どん、ポン。」

「そんなやっつぁ、ドンデンドン。」

彦八どんは、どんどんずない《(大きい)》音でやるもんだから、タヌキもまけて、

「彦八、ポン。」

「そんなやっつぁ、ドンデンドン。」

「彦八、ポー。」

「ひこ、ポー。」

「ひー、ポー。」

となって、しまいに音が出なくなっちまったと。

夜が明《あ》けてから、彦八どんが向かい山さ行ってみたれば、でっかい古ダヌキが、腹《はら》ぶっつぁ《(やぶれて)》けて死んでたんだと。ほうで《(それで)》、彦八どんは、タヌキの皮《かわ》と肉《にく》売って、金もうけて、油だの本だの買って、いせいよく帰ってきたんだと。

話　者・七海　トミ
再　話・小泉順治郎
さし絵・佐久間　敬

もちつきぎねとカメの子

むかしむかし、村のはずれさ、じいさまとばあさまがいたと。

じいさまとばあさまは正直《しょうじき》もんで、いっしょうけんめい働《はたら》いたども《(けれども)》、くらしはとてもびんぼうでなんぎ《(苦労)》してたと。

西山さ《(に)》雪もふって、そろそろ正月が来るっちゆうのに、もちつくあてもたたなかったと。

ほんでも《(それでも)》、じいさまは、もちつきぎねぐれえは、新しくしておくべと思って、山さ出かけたと。ずんずん山さ入って、きね切って、やれやれと思って、一人《ひとり》してかたったたと《(言ったそうだ)》。

「もちつきぎねは切ったれどおも《（けれども）》、なんで年とおるうべえ。」

歌うように、でっかい声でかたったと《（言ったそうだ）》。ほうしたれ《（そうしたら）》、下のやぶん中で、

「お米でとらしゃれ、お米でとらしゃれ。」

って、変な声がしたと。

じいさまはきたいに《（ふしぎに）》思って、いま一回、

「もちつきぎねは切ったれどおも、なんで年とおるうべえ。」

と、でっかい声でかたったと。ほうしたれ、やっぱしやぶん中で、

「お米でとらしゃれ、お米でとらしゃれ。」

って言うだと。

じいさまが、声のあたりさがしてみたれば、ちっちゃこい《（小さな）》カメの子が一ぴきいたと。

じいさまは、そのカメの子だいて、わげさ《（自分の家に）》帰ったと。

「いやいや、ばあさま、ばあさま。おもせえ《（おもしろい）》カメの子めっけてきた。ほれ、ほれ。」

とかたって、ばあさまの前で、またやってみせたと。

「もちつきぎねは切ったれどおも、なんで年とおるうべえ。」

とかたったれば、

「お米でとらしゃれ、お米でとらしゃれ。」

と、やっぱしカメの子がかたんだと。ばあさまもびっくりして、喜《よろこ》んだと。

そのことがお城《しろ》の殿様《とのさま》の耳さ入ったもんだれ《（耳に入ったものだから）》、殿様は、

「そのカメを連《つ》れてまいれ。」

と、命令《めいれい》したと。

じいさまは、カメの子連れてお城さ行ったれば、殿様も家来《けらい》も、ずらっとならんだとこでやってみせたと。じいさまは、身ぶり手ぶりで、ふしまあしよくかたったと。

「もちつきぎねは切ったれどおも、なんで年とおるうべえ。」

「お米でとらしゃれ、お米でとらしゃれ。」

カメの子も、じいさまのあとつけて《（あとについて）》、ちょこちょこ、ちょこちょこ歩くもんだれ《（歩くものだから）》、みんな喜

んで、

「もっとやれ、もっとやれ。」

と、手ばたきしたと。じいさまも楽しくなって、

「もちつきぎねは切ったれどおも、なんで年とおるうべえ。」

「お米でとらしゃれ、お米でとらしゃれ。」

と、なん回もなん回もやったもんだれ(ものだから)、殿様《とのさま》もおおきに(たいへん)喜《よろこ》んで、帰りに宝物《たからもの》をどっさりくれたと。

じいさまは、にわかにふくしく(金持ちに)なって、喜び喜び帰ったと。

その話聞いたとなりのよくばりじいさまが、むりやりカメの子かりて、お城《しろ》さ行ったと。ほうして(そうして)、殿様だの家来《けらい》だの、ずらっとならんだとこで、

「もちつきぎねは切ったれどおも、なんで年とおるうべえ。」

とやったと。ところが、カメの子は、ウンとも

ツウとも言わねえと。

じいさまは、もっとでっかい声で、

「もちつきぎねは切ったれどおも、なんで年とおるうべえ。」

とかたったと。ほれでも、カメの子、かたんながったもんだれ《(話さなかったものだから)》、よくばりじいさまおこって、カメの子の背中《せなか》、びったりただいたと。ほうしたれ《(そうしたら)》、カメの子、ひどくくせえへしたと。

いや、はあ、くせくてくせくて、ひでえもんだったたと。

ほうで《(それで)》、殿様、かんかんにおこって、よくばりじいさまをろうやさ入れっちまっただと。

話　者・小泉　真三
再　話・小泉順治郎
さし絵・力丸　丈夫

こういちとハト

むかしむかし、こういちという若者《わかもの》が住《す》んでいたんだと。

　こういちは、前々からてっぽうを手に入れて、いろいろな鳥をぶって《(うって)》、村の人たちにじまんしたいと思っていたんだと。

　こういちの願《ねが》いがかなって、やっと、こういちは、村でいちばんはやく、てっぽうを手にいれたんだと。てっぽうをぶつと、ものすごい音がして、鳥でもけものでも一発《いっぱつ》で殺《ころ》せるというんで、村の人たちは、みんな目だまをまあるくしてたまげたんだと。

こういちは、早くてっぽうぶってみたくて、「なにをぶったらいいかな。キツネにしっかな《(しょうかな)》。クマから始《はじ》めっかな。」と、夜が明けるのを待ちかねていたんだと。

やっと、あたりが明るくなって朝になったので、こういちは、てっぽうかついで、おもてさ《(家の外)》出てみたんだと。すると、こういちの家のめえ《(前)》のカキの木さハトが飛《と》んできて、

「こういち、ハトをぶてえ。こういち、ハトをぶてえ。」

と鳴きたてたんだと。

こういちは、しめたと思って、てっぽうでハトぶつべと思ったぎんじ《(けれども)》も、初《はじ》めててっぽうぶつので、なかなか火なわに火がつかねえんだと。気ぃもめば《(あわてれば)》、気ぃもむほど、なかなか火がつかねんだと。

ハトは、カキの木の枝《えだ》で首曲げて、へんてこな顔して、こういちの様子《ようす》を見ていたんだと。

こういちは、やっとハトにねらいをつけて、「ドーン。」とぶったぎんじ《(けれども)》も、たまは畑の土手《どて》さぶっささったきりだったと。ハトは、ヘタヘタと羽音《はおと》をたてて、後《うし》ろの木の上さとまって、

「こういち、土手ぶったあ。こういち、土手ぶったあ。」

と、やかましく鳴きながら、村の方さ飛んでいったんだと。

話　者・大槻　シツ
再　話・桑原　兵永
さし絵・鈴木　信光

大三《だいぞう》の鬼《おに》たいじ

むかしむかし、ここのざい《(いなか)》の才木《さいき》は、西鬼《さいき》ともゆわれて、おっかねえ《(おそろしい)》鬼《おに》が住んでいたんだと。

この街道《かいどう》を通る村の人たちや旅《たび》の人がこの鬼に苦《くる》しめられる話を聞いてからは、だあれもここを通る人がなくなってしまったんだと。そうなっと、鬼はいたずらはできねえし、人の物をとることもできなくなっちゃったから、しょうがなくて、山ん中から村ちかくまで、出てきたんだと。

「さあ、たいへんだあ。鬼が出てきたぞう。」

と、村じゅう大さわぎになったんだと。そして、なじょにかなんねえべか《(どうにかならないか)》と、村じゅうの人が名主《なぬし》さまの家さ集まって、鬼たいじの相談《そうだん》をしたんだと。

　んだぎんじも《(そうだけれども)》、いつまでたっても、いい考えは出てこねえし、みんなほとほと困《こま》ってしまったんだと。そんなとき、だれかが、

「鬼さ、酒《さけ》をごっつおうして《(ごちそうして)》、よっぱらってねむったとこしばっちまったらどうだべない。」

と言ったんだと。

「んだ、んだ。それはいい考えだ。」

と、村じゅうの人は、みんな賛成《さんせい》したんだと。んだげんちょもだれがその役《やく》を引きうけっかという話になっと、みんな、しいんとだまってしまったんだと。そんとき、でっけえ声で、

「おらが、行くべ。」

と言って、立ち上がったものがいたんだと。大三《だいぞう》という二十二才になった若者《わかもの》で、村では、力持ちのうえに頭もいいので、有名だったんだと。

　村人たちは、ほっと安心したものの、

「なんぼ《(いくら)》力持ちで、頭がいくても、こんな若造《わかぞう》で、大事《だいじ》な役がつとまっぺか。」

と心配したんだど。そんでも、大三にたのむきりねえので、急いで酒《さけ》やさかな、そのほか食い物や着物まで、いっぱい集めて用意したんだと。

「んじゃ、大三。しっかりたのんだぞ。」

名主《なぬし》さまや村人たちにはげまされて、大三《だいぞう》はいさんで出かけていったんだと。重い荷物をえっちらおっちらかついで、山の道を登《のぼ》ったんだと。もうちっとで坂の上さ出るところまできたとき、大三は一服《いっぷく》しっぺと思って、道ばたにあった石にこしをおろして休んだんだと。

大三は、あせをふきふき、あとひと息《いき》でこの坂を登りつめっと、鬼《おに》に会えっかなと立ちあがったとき、向かいの谷川の方から、ガサ、ガサ、ピチャ、ピチャという音が聞こえてきたんだと。大三は、

「はて、なんだべ。」

と、むねがさわいで、音のする方をじっとすかして見たんだと。そしたら、赤銅色《しゃくどういろ》をした鬼の顔が、ぬうっと木の間から出てきたんだと。なんぼ《（いくら）》力じまんの大三でも、重い荷物はしょってるし、にげることもできず、アッと息《いき》をのんだまま、つっ立っているだけだったと。やっと我《われ》に返って、よっくと《（よく）》鬼を見てみっと、頭の毛もひげもぼうぼうで、ぼろぼろの着物を着て、力なく沢《さわ》の水をガブガブのんでいるんだと。

「ああ、鬼のやつめ。何日もなんにも食《く》わねえで、体《からだ》がまいっているんだべ。」

と、大三は急に鬼がもごくなって《（かわいそうになって）》、鬼たいじにきたのも忘《わす》れて、鬼のいるめえさ《（前に）》とびだしたんだと。そして、持ってきた食い物を全部広げて、鬼にくれてやったんだと。

鬼は、ちょっこら《（すこしのあいだ）》の間、びっくりしたようだったげんちょ、目の前に食い物が山もりおいてあるので、むちゅうになって食いはじめたんだと。

やっと満腹《まんぷく》になった鬼は、大三の情《なさ》けが身《み》にしみて、大つぶのなみだを流して、なんどもなんどもお礼《れい》を言《い》ったんだと。大三はすかさず、

「これ、鬼よ。おめえが今までしてきたのは、悪いことだったんだぞ。んだから、村の人や旅《たび》の人は、どれだけなんぎしたかしんねえぞ。おれは、おまえをつかまえにきたんだぎんじも、なじょしたら（どうしたら）いいべな。」

と、さとすように言ったんだと。

鬼は、なんべんもあやまってから、両手をそろえて大三のめえに出したんだと。自分をしばって、村さ連れていってくれと言ってるんだなとわかっていても、鬼ごと村さ連《つ》れていけば必《かなら》ず殺《ころ》されると思って、大三は鬼をしばる気にならんねかったんだと。そして、

「なあ、鬼よ。これからは、けっして人里に出てきたり、いたずらしてはなんねえぞ。さあ、

早く遠くさにげていけ。」

と言ったんだと。

鬼《おに》は、なごりおしそうに、なんべんもなんべんも後《うし》ろをふり向いて、奥山《おくやま》の方さ登っていって、見えなくなったんだと。

さて、大三《だいぞう》は、このまま村さけえることはできねえし、どうしっかなと考えていっと、さっき、奥山の方さ登っていった鬼が、でっけえ石を持ってもどってきたんだと。よっく見っと、その石は、鬼とそっくりの形をしていたんだと。この石をここさ置《お》くと、鬼たいじしたしょうこになると、大三と鬼は、にっこり笑《わら》って別れたんだと。村にけえった大三は、さっそく名主《なぬし》さまに、鬼たいじしたことをしらせたんだと。

次の日、村人たちは、大三の案内《あんない》で、おっかなびっくり、たいじした鬼を見にきたんだと。村人たちは、道ばたに、でっかい鬼の形をした石がごろんところがっているのをひと目見っと、みんなたまげて顔色を変えて、後ろも見ねえで、村さにげもどったんだと。

それから、鬼は人里《ひとざと》に現《あらわ》れなくなり、雨や風にさらされながら、鬼石《おにいし》は、いつまでも同じところさころがっているんだと。

話　者・佐藤　政蔵
再　話・桑原　兵永
さし絵・槌谷　幸一

県南のむかし話

花さかじい

ざっとむかし。

おじいさんは山へしばかりに、おばあさんは川へせんたくに。

そしたら、赤犬っ子と白犬っ子が流っちぇ《（流れて）》きたんだと。

「白犬っ子、あっちゃ《（あっちへ）》行け、赤犬っ子、こっちゃ《（こっちへ）》来《こ》《（こい）》。」

つった《（と言った）》んだと。そしたら、白犬っ子泣《な》き泣きあっちゃ行って、赤犬っ子よろこんでこっちゃ来たんだと。おばあさんは、その赤犬っ子をひろって来て、いろりうらのすまっこ《（すみ）》さゴザしいておいたっつんだ。

「赤犬っ子、しろまんま(白いごはん)食うか、あかまんま(アズキのはいったごはん)食うか。」

つったら、

「おれ赤犬っ子だから、あかまんま食う。」

つったんだと。それで、あかまんま食わせていろりうらのすまっこ(すみの方)でそだてたって。そしたら、おっきくなってな。正月来るころになったら、はあ、おっきくなって、

「じいちゃん、じいちゃん、おれに乗っせ。」

って赤犬が背《せ》中《なか》を出したんだと。すると、じいさんは、

「にしみてい(おまえのように)にめんげい(かわいい)のに乗られっか。」

って言ったんだと。

「くわかついで乗ってやばっせ(行きましょう)。」

って赤犬が言ったんだと。何べんも言うもんだから、じいさんは、くわかついで赤犬に乗って行ったんだと。

「ほくっておっころんだとこ(ほってころんだところ)、ほってみらっせ。」

って赤犬が言ううちに、ほくっておっころんだって。それで、おりてほってみたら、ぜにがザックザック出る。そら、赤い着物《きもの》だの、ぞうりだの、げただの出たんだって。

じいさんは、いそいでわげさ(自分の家)もどってきて、

「ばあさま、ばあさま。あのな、赤犬っ子に着物いっぺ《（いっぱい）》もらったぞ。」

って息《いき》をはあはあしながら言ったんだって。

「あ、いかったな。これ土ん中にあったんで、着物しけってっぺから《（しめっているだろうから）》外さ、ほせ。」

って、着物だ、げただってほしておいたら、となりの欲深《よくふか》じいさまが来て、

「なんだよ、おめげで、なしてそだに《（おまえの家にどうしてそんなに）》着物いっぺあんだ。」

って、欲《ほ》しそうなつらして言ったんだと。

「あのな、おらげの赤犬っ子がさずけてくっちゃんだ《（くれたんだ）》。『おれさ乗ってやばっせ《（行きましょう）》。』って言うから『にしゃ《（おまえ）》みていなめんげい《（かわいいもの）》がなに乗らんにぇ。』って言ったら、『いいから乗ってやばっせ。』って言うもんだから乗ってたらば、こういうわけなんだ。」

ってわけを話して聞かせたんだと。

「大判《おおばん》小判《こばん》や着物がこらほど《（こんなに）》あったんだ。」

って両手いっぱいに広げて言ったんだと。

「そんじゃ、おれにもこの赤犬かしてくんつぇ。」

って、欲深じいさまが欲しそうに言ったんだって。

「いや、かさんにぇ。」

「いや、かしてくんつぇ。」

ってむりやりせで《（つれて）》ったって。それで、「くわ乗せろ。」とも言わね《（言わないのに）》の乗せて、「乗れ。」ともいわ

ねの乗ってて、そんじぇ《それでも》おっころばねつんだ。

おっころばねのおっころばして、そしてほって
みたら、どろだとか、馬のふんが出たりして、
きったなくて、

「はあ、こだ《こんな》犬ぶっ殺《ころ》してしめぇ。こだのおがんにぇ《こんなのおくことができない》。」

って、木さゆっつけて《むすびつけて》殺しちゃったって。

いいじいさん、心配して聞いてみたんだって。

「おめ《おまえ》、おれげの赤犬どうしたんだ。」

「あそこさいけて《うめて》きたから行ってみらっせ《みなさい》。」

それから、いいじいさま、赤犬をいけたところへ行ってみただって。

「かわいそうに、おめ殺さっち。」

いいじいさまは、まなこ《目》から、なみだぽろぽろこぼしながら、花をあげて、ナシの木一本植《う》えてきたんだって。たちまちおっきくなって、
それから、

「ナシ、ナシ落ちろ。」

って、じいさまが言ったら、ポタッと落ちたんだって。

「ばあさまがなに《(のために)》、いま《(もう)》一つ落ちねが。」

つったら、また、一つポタッと落ちたんだって。

それをわげさ持ってきて、ばあさまとじいさまと仲《なか》よく食ったんだと。したら、また欲深《よくふか》じいさまが来て、

「なんだ、おめげ《(おまえの家)》でそんなでっかいナシ、どっからもいで《(もぎとって)》きただ。」

つって、まなこをぎょろっとしたんだと。

「おめが、おれげの赤犬《あかいぬ》っ子《こ》殺《ころ》したから、そこさ行って墓印《はかじるし》にナシの木一本植《う》えてきたんだ。それがこんなにおっきくなったんだ。」

って言ったんだと。

「そんじゃ、おれも行ってくる。」

って行ったらば、やっぱ《(やっぱり)》おっきなナシがいっぱ

いなってんだつうだ。

「ナシ、ナシ落ちろよ。」

でっかい声で言ったらば、まなこさゴッツーンと落ちたっていうだ。

「こったらちくしょう！　ほんとうに！　ばあさまがなに、いま一つ落ちろよ。」

つったら、こんだひていさ《(こんどはひたいに)》ゴッツーンってまた落ちてきて、でかいこぶができたんだと。まゆをつりあげておこった欲深じいさまは、それから家さもどって、のこぎり持ってきて、ナシの木ひったぎっちゃった《(切りたおしてしまった)》んだと。いいじいさまが、またナシもぎに行こうとすっと、欲深じいさまが、

「ナシでこんなおっきなこぶできた。にくらしから切ってきた。」

ってごせやいで《(おこって)》言ったんだと。

「そんじゃ困《こま》ったな。行ってみてくっかな。」

なんて言って行ってみたらば、ナシの木がひったぎってあったから、わげさ持ってきて、うすをこしゃった《(作った)》んだって。そして、正月になっから、いっしょうけんめいもちをついたら、こんど、うすからもちがもりあがってな、そこから大判《おおばん》小判《こばん》がざくざく出たんだって。そしたら、またとなりのじいさまが聞きつけて、

「おめげでもちついてんだと思ったら、大判小判がこらほど出た。そんじゃ、おれげさもうすかさっせ《(かしてください)》。」

とむりむり持ってったって。そして、

「ばあさま、はあ、ふかっせ《(ふかしてください)》。もちつくから。」

って、もちついたつうんだな。いっしょうけんめいつきはだったら《(はじめたら)》、もちだらいいげんじょ《(いいけれども)》、どろになっちゃったと。きたなくて食わんにぇぐなったんだって。そのじいさま、ごせやいで、うすを割《わ》っつぁいて《(わってさいて)》、かまどさくべっちゃったんだって。

「なんだ、となりで、あんまりうす持って来ねな。行ってみっかい。」

「行ってみらっせ。」

なんてばあさま言ったたって。欲深《よくふか》じいさまおこってて、

「おめげのうすろくなうすでね《(ではない)》。どろなんかばっかり出て、きたなくてしょうねから《(しかたがない)》、ひったぎって燃《も》やしちゃった。あく(灰《はい》)残《のこ》ってっから、あくでもなんでも持ってけ。」

って言ったたっていうだ。そんでしょうがねえから、山ざる（竹であんだかご）さ、いっぺ《(いっぱい)》あく入れて持ってきたんだと。わげ《(自分の家)》さ来るまでにヒューヒューって風がふいて、ぷうってあくがとんでって、木の枝《えだ》さかかったら花がさいたんだと。

「いやいや、これはたいしたもんだ。あくが木さくっついたら桜花《さくら》になった。そんじゃ、あしたあさってに殿様《とのさま》が通るっていうから、おれ花さかせてやっかいな。」

って、楽しみに二日待っていたんだと。それから、殿様の通る日になったんだと。じいさまは殿様に見せるように、かれ木さあがって待っていたんだと。そのうちに、「下に下に。」と、殿

様が通ってきたと。

「そこにあがってるじいは、何《なに》じいだ。」

殿様が、めずらしそうに聞いたんだと。

「おれはかれ木に花をさかせるじいだ。」

って、でっかい声で言ったんだと。

「そんなら、ひとつさかせてみろ。」

って、殿様が言ったんだと。

「黄金《こがね》サラサラッ、ツランポン。」

ってふりまいたらば、桜花がぱあっときれいにさいたんだと。

「いや、これはたいしたもんだ。それなら、いまひとつさかせてみろ。」

またふりかけたんだと。そしたら、またきれいにさいたんだと。

「いや、これはたいしたもんだ。ほうびをつかわす。ほうびくれっから来《こ》。」

って、殿様《とのさま》が言ったんだと。

「じじい、重いつづらがいいか。軽《かる》いつづらがいいか。」

って殿様が聞いたんだと。

「おれは、年寄《としょ》りだから、軽いつづらのほうがいい。」

って軽いつづらをもらってきたんだと。わげ《(自分の家)》で開いてみたら、いいものばっかり入《はい》っていたんだと。そしたらまた、となりの欲深《よくふか》じいさまが来たんだと。

「なんだ、おめげでなしてそんな金持ちしたんだ《(金持ちになったんだ)》。」

って、いいじいさまの顔をじろじろ見ながら聞くんで、そのわけ教えたんだと。

「いや、たいしたもんだ。そんじゃ、おれんとこにもちっと残《のこ》ってっかしんにぇ。こんど殿様が通ったら花さかせてほうびをもらうべ。」

って、殿様の帰りを待ってたと。そのうちに殿様が帰りに通ったと。

「そこにあがってるじいは、何じいだ。」

って、また殿様が言ったんだと。

「おれはかれ木に花をさかせるじいだ。」

って、欲深じいがでっかい声で言ったんだと。

「そんなら、ひとつさかせてみろ。」

「黄金《こがね》サラサラッ、ツランパン。」

ってやったら、こんど、殿様の目さ、そのあくみんな入っちゃったっていうんだな。

「じじい、あした、ほうびくれっから城《しろ》へ来《こ》。」

って言ったんだと。

次の日、殿様のところへ行ったと。

「じじい、重いのいいか、軽いのいいか。」

って殿様が聞いたんだと。

「おれは、なんぼでもしょわれっから(せおえるから)、重いのがいい。」

って、重いのしょってきたんだって。

「しょってきた。しょってきた。」

って、となりさ見せて、こんど、わげさ持って来て、ふたとったら、ヘビがぞろぞろ出てきて、そごらいっぺい(いっぱい)、ヘビだらげになったんだと。

それで、むかしざっと栄《さか》えたって。

再話・佐久間源司
さし絵・佐藤　悳

おまんギツネと小豆《あずき》とぎ

むかし、むかし、辺川《へがわ》っちゅうとこさ《(というところに)》、じさまとばさまが住《す》んでたんだと。

ある雪のふる寒い晩方《ばんかた》（夕方《ゆうがた》）に、コッコツとだれかが戸をたたくんだと。

「今じぶん《(今ごろ)》、だれだっぺ《(だれだろう)》なあ。」

といいながら戸をあけてみっと《(みると)》、頭から雪かぶった見たごどねえ《(見たこともない)》ばあさまが立っていだんだと。

「なんだべ、そだに雪かぶって《(どうしたんだろう、そんなに雪かぶって)》、なんぼ《(いくらか)》が寒がったっぺ。さあ、中さ入って火のそばさよやんしょ。」

って、いろりさ《(に)》木いっぺ《(たくさん)》くべて、あったためてやったんだと。

したげっと《（けれども）》、そのばあさまは、ひとこともしゃべんねん《（話さない）》だと。そしていつのまにか、夜が白々《しらじら》と明けはじめたんだと。

じさまとばさまが、ちょっくら《（ちょっと）》うたたねしっちまってなあ。はっと気がついたらば、いろりのそばさ休ませてやった、あのばあさまの姿《すがた》が見えねぐなってたんだと。

「あらら、どごさ《（どこへ）》行っちまったんだっぺ。」

と、家ん中見てもどこにもえねえ《（いない）》。

「外さ出てっちまったんだっぺか《（出て行ってしまったんだろうか）》。」

と思って、戸あけてみっとな、雪の上さ梅《うめ》の花型《がた》の足あとが点々と続《つづ》いていたんだと。

じさまとばさまが、その足あとを追《お》っかけていくと、辺川の山んとこで、ぷっつら《（ぷつっと）》消えっちまったど。

それから何日かたったふぶきの夜にな、コッコッ戸をただいで、あのしらがのばあさまが入ってきたんだと。

その夜も何きいてもだまりこくってて、じさまとばさまのくべるかれ木のたき火にあたっているばっかで《（ばかりで）》、朝になっと、またすうっと姿消しっちまったんだと。

それから間もなく、じさまんとこのばさまが、ぽっくり死んじまったんだと。じさまは、

「なんだべなあ、ばさま。おら一人おいて、なんでこだに《（こんなに）》早くいっちまった《（死んでしまった）》んだあ。」

と、泣《な》き泣き野辺《のべ》のおくり（おそうしき）をすませ、

「こんやからは、話し相手なくなっちゃったなあ。」

といいながら、家さ《(うちに)》帰ってみっとな、なんと今、野辺《のべ》のおくりをすませたばっか《(ばかり)》のばさまが、せっせと家ん《(の)》中のかたづけしたり、夕めしのしたくしたりしてんでねえか。じさまは腰《こし》ぬかすほどたまげっ《(びっくりした)》ちまったど。

「んでも《(それでも)》、ばさまが生きてたんだ。こだに《(こんなに)》めでてえことはねえ。」

と、今までみでえ《(みたいに)》にくらすことにしたんだと。

したげんちょも《(けれども)》な、そういうくらしは長くは続《つづ》かねで、秋も深《ふか》まったある日、ばさまは、じさまの前からふっと姿《すがた》を消しちまっ《(消してしまった)》たんだと。

それからいく日《にち》《(何日)》かたった晩《ばん》のこと、じさまが床《とこ》に入ってもなかなかねむらんにぇで《(ねむれないで)》いたら、なんだか、人の気《け》はいがすんだと。

そうっと起《お》きてみっと、なんと、姿を消したはずのばさま、まくらもとにちょこんとすわっていんでねえか。

「ばさま、おめえ《(おまえ)》、いてえ《(いったい)》どこさ行ってだんだ。」

じさまが、そうきくと、ばさまは竹《たけ》ぶえのようによくすんだ声で、細々《ほそぼそ》としゃべり《(話し)》だしたんだと。

「じさま、おら、あんたげのばさまではねえんです。本当《ほんとう》は、辺川《へがわ》に住《す》んでるキツネです。人は、おまんって呼《よ》んでます。おら、わが年《(自分の年)》覚《おぼ》えてねえほど年とってます。じさまんとこのばさまが亡《な》くなったのを知って、いつかのふぶきの夜、寒くて寒くてがまんなんねぐなって《(できなくなって)》、じさまげさ《(の家に)》入らせてもらった時の二人《ふたり》の親切が忘れらんにゃくて《(られなくて)》、恩返《おんがえ》しすっぺど《(しようと)》思い、ばさまに化《ば》けて、じさまの世話《せわ》をさせてもらいました。

んでも《(でも)》、おらの命《いのち》もあど《(あと)》少しになりました。けもののおらには、自分の寿命《じゅみょう》がわがんです《(わかるのです)》。ただ、おらがいねぐなっても《(いなくなっても)》、おめえさまのくらしはしんぺえねえ《(しんぱいない)》ようにすっから、どうが安心してくんなしょ《(ください)》。」

そう語ったかとおもうと、ばさまの姿をしたおまんギッツネは、すうっと消えっちまったんだと。

それからっつうものは《(それからというものは)》、夜になるっつうど《(夜になるというと)》、「小豆《あずき》とぐがい《(洗いますか)》。」「小豆《あずき》とぎやっかい《(洗いやりますか)》。」っつう声が、じさまの家のまわりから聞こえるようになったんだと。

その声が気持ちわりい《(気持ちわるい)》って、村の人らがさわぐもんだから、じさまは、おまんギッツネの霊《れい》(たましい)が出ねえように、ほこら(小さなお宮《みや》)を建《た》ててまつったつう話だ。

再話・佐久間源司
川田　昌利
さし絵・鈴木　隆一

与八郎《よはちろう》とハト

ざっとむかし、あるところに、与八郎《よはちろう》っつう子どもがいたんだと。与八郎のおっか(母親)は、ごけおっか(まま母)だったもんだから、与八郎はいっつもいじめらっちぇ(いじめられていた)だと。与八郎のおとっつぁ(父親)は、仕事でたいがい家にいなかったから、与八郎は、一人《ひとり》でさびしい思いをしてくらしてたんだと。

それが、ある日、与八郎げ(与八郎の家)の庭さ、一ぴきのハトが遊びさ来て、与八郎に近づいたんだと。

与八郎も、おっかにかぐっちぇ(かくれて)、マメを持ってきて食わせて、喜《よろこ》んだと。そしたら、ハトは、それから毎日来るようになったんだと。

ところが、おっかは、マメがだんだんへってきたことを知って、かんかんにおこったと。そして、ある夜、おとっつぁ《(父親)》のいねえのをさいわい、与八郎を大きなつづらさ入れて、遠くの山ん中さぶんなげて《(すてて)》、何食わぬ顔でわげさ《(自分の家)》もどったと。

おとっつぁが、家さもどって、与八郎はどこさ行ったっつっても《(と言っても)》、おっかは、知らねえ、知らねえって、うそこいてた《(ついていた)》と。

次の日、いつものハトが与八郎のいないのをきたえに思って《(変に思って)》さがしたらば、山のおくふけえとこにいた与八郎を見つけたと。ほれで、口でなわを切って助けてやったと。つづらん中から出た与八郎は、ササの葉っぱに、指から出した血《ち》で、おとっつぁさ手紙を書いてハトにわたしたと。ハトから手紙をもらったおとっつぁは、びっくりしてハトのあとをずっとくっついてったと。

与八郎は、おとっつぁに、今までのことを泣《な》き泣き話したと。おとっつぁは、うなずいて、与八郎をもう一度つづらん中さ入れて、それを背負《せお》ってわげえさもどり、おっかを呼《よ》ばったと。ふたあけてみろって、おとっつぁに言わっちぇ《(言われて)》、おっかがおっかなびっくりふたをあけたら、わがぶんなげた《(自分がすてた)》はずの与八郎が、ひょっくら《(ひょっこり)》顔を出したもんだから、びっくりして、

「おらがわりかった《(悪かった)》。かんべんしてくろ《(ゆるしてくれ)》。かんべんしてくろ。」

ってあやまったと。それからっちゅうもんは、親子三人、仲《なか》よくくらしたたっつう話だ。

話　者・岡部丑之助
再　話・川田　昌利
さし絵・佐々木八郎

虻《あぶ》長《ちょう》者《じゃ》

むかしむかし、なまけ者の男がおった。あんまり道楽者《どうらくもの》なんで、とうとうわげ《（自分の家）》からも追《お》いださっちゃんだと。男も何か仕事をしねえと食うことができねえもんだから、何か銭《ぜに》になることはねえかと南の方さ旅にでることにしたんだと。

どんどん歩いているうちに、わらしめら《（子どもたち）》が虻《あぶ》をとっつかまえていじめて遊《あそ》んでんのにでくわした《（であった）》んだと。心根《こころね》はやさしい男だったんで、虻がかわいそうになって、

「おらにその虻っこ、一銭《せん》か二銭で売《う》ってくんにか。」

って、わらしめらに言ったんだと。

「わしら三人おるから、三銭なら売ってやっと。」

男は、わらしめらから虻を買うと、

「虻っこ。まずは命拾《いのちびろ》いしたな。虫けらでも恩義《おんぎ》を感じんなら、そのうち恩返しをしてくれろ。」

と言って、放《はな》してやったんだと。

そんで、また、男がどんどん南に歩いていくと、それはそれは大きな大尽《だいじん》様のお屋敷《やしき》の前についたんだと。その大尽様のところには、ちょうどとしごろの娘《むすめ》っこがおって、むこ様をさがしておるところだったんだなあ。

そこで男はさっそく、大尽様の家に入《はい》りこむと、

「おらを、むこ様にしてくいよ《(ください)》。」

と、大声で言ったんだと。だども《(けれども)》、大尽様はぼろを着た男を見てなんぼにも《(どうにも)》やなもんだから、

「むこにしてもいいげんちょ《(いいが)》も、一つ試《ため》しがある。」

と、男に難題《なんだい》を出したんだと。

その難題とは、大尽様の娘っことその家の手伝《てつだ》いの娘っこがいて、その二人《ふたり》の娘っこに夕飯《ゆうはん》の給仕《きゅうじ》をさせっから、そのどっちが大尽様の娘っこだかを見分けて、その娘っこに、酒《さけ》の盃《さかずき》を渡《わた》し酒を飲ませろって言うもんだったんだと。しかし、大尽様は意地《いじ》が悪いので、わざと手伝いの娘っこにはきれいなべべきせて、おしろいまでぬらせていたんだと。

そうして、男が夕飯を食うことになって、二人の娘っこがかいがいしく給仕を始《はじ》めたんだと。

そんでも、男には、どっちが大尽様の娘っこで、どっちが手伝いの娘っこなんだかさっぱり分からなかったんだと。男がどうしたらいいがっぺ《(よいだろう)》と思案《しあん》にくれていっと《(考えなやんでいると)》、どこからともなく一匹《いっぴき》の虻がブンブンブンブンと飛《と》んできた。

「うるせえ虻《あぶ》だな。あっちいってろ。」

と、手ではらったが、その虻っこはしつこく男の頭の上を飛ぶんだと。男がよく聞いてみるとなんとその虻っこが口をきいているでねえか。

「酌《しゃく》させブンブン、酌させブンブン。」

男はしばらく考えると、

「どれ、おらに酌してくんちぇ《（ください）》。」

と盃《さかずき》をさしだしたんだと。すると、みすぼらしいかっこうをした娘《むすめ》っこが盃に酒をついだんだと。

それを見た男は、その娘っこを指《ゆび》さして、

「この娘っこが、大尽《だいじん》様の娘っこだ。」

と言ったんだと。

それを側《そば》で見ていた大尽様は、娘っこを当《あ》てらっちゃもんだから、男をむこ様にしなくなんねく《（しなければならなく）》なったんだど。なにしろ男は家を追《お》いださっちゃ程《ほど》のなまけ者だっぺ、なんとかしてこの話をなかったものにすっぺと思ったんだな。

「おらの家の裏《うら》に竹やぶがあんだげんじょも、竹が何本あんのかひとつ数《かぞ》えてくんねが。それが当たったら、今度《こんど》はおらんちのむこどんにしてやっぺ。」

そんでも、この裏の竹やぶはびっくりするほど大きな竹やぶで、竹の数など数え切ったもんなどおらんかったんだど。おまけに、その竹やぶの前に深い深い池があって、ちょっとやそっとでは越《こ》えらんにようになってたんだど。

だけんじょも、男はこの大尽様の家に来る前に虻のほかに亀《かめ》も助けてやってだんだっと。そんで亀がでてきて、男は亀の背中《せなか》に乗せてもらって、らくらくと池を越していくことができたんだと。

男はさっそく竹やぶの竹を数え始《はじ》めたんだと。

「一本、二本、三本、四本…………。」と勘定《かんじょう》したんだげんじょも、何回《なんかい》勘定してもわがんなくなっちまったんだと。男が困《こま》っちまって思案《しあん》にくれていっと、また、虻っこがブンブンと飛《と》んで来たんだと。男がうるさいとおっぱらおうとすっと、前と同じように虻っこが何か言ってるみたいだったと。虻っこの声をよっくど聞くと、

「三万三千三百三十三本ブンブンブンブン。三万三千三百三十三本ブンブンブンブン。」と、言ってたんだと。それを聞いた男は「こりゃしめた。」と、さっそく大尽《だいじん》様の家にとってけえした《(もどった)》んだと。

「竹やぶの竹の数はわかったか。」と大尽様が言うと、男は自信《じしん》まんまんで、

「三万三千三百三十三本だっぺ。」と、言ったんだと。それで大尽様もしょうがねえからとうとうその男をむこ様にしたんだと。男は大尽様のむこ様になって、一生おもしろおかしくくらしたってことだどよ。

再話・林　和樹
さし絵・渡部　憲生

うそこき与左エ門《よざえもん》

ざっとむかし、あるところに、与左エ門《よざえもん》っつうめっぽう《(とても)》うそこき《(うそつき)》のうめえじさまがいたんだと。うそこきがあんまりうめえもんだから、みんなは、「うそこき与左エ門」って呼《よ》ばって《(呼んで)》いたんだと。

ところが、ある日、この与左エ門に、お城《しろ》の殿様《とのさま》からお呼び出しがあったんだと。

「明日《あす》、巳《み》の刻《こく》(午前十時ごろ)お城にあがるように。」

っつう手紙を見て、与左エ門はたまげっちまったと。

「おら、何か悪いことしたっぺか《（したろうか）》……。ひょっとしたら、あんまりうそばっかこいでっから、
おとがめ受けんであんめえか《（あるまいか）》……。」

って、しんぺえしいしいお城《しろ》さあがったと。

　門をへえると《（入ると）》、今までに見たこともねえひれい《（広い）》庭通って、なげえろう《（長い）》下わたって、でっけいざしきさつっちぇがっちゃ《（連れていかれた）》と。にけえ《（二かい）》さ上がったかと思うほど厚《あつ》いざぶとんさ座《すわ》るよりはやく、めんげい《（きれいな）》おなごがすすすすっと来て、おかしだのお茶《ちゃ》だのおいていくんだと。

「これ、食っていいのかなあ。お茶のんでいいのかなあ。」

なんて考えてたら《（いたら）》、ふすまが音もなくすうっとあいて、

「これこれ、与左エ門《よざえもん》とはその方《ほう》か。」

って声をかげらっちゃもんで《（かけられたものだから）》、与左エ門はおったまげて《（びっくりして）》、

「ははあーっ。」

って、ざぶとんからただげおちて《（おっこって）》、頭をたたみさくっつけながらふるえてたと。そうすっと、殿様《とのさま》が、

「そちは、うそをつくのがたいそううまいと聞くがほんとうか。」

って言わっしゃったから《（おっしゃったから）》、与左エ門はおっかなびっくりこうお答えしたと。

「はい。おら、自分ではそうも思わねえですが、みんなは、『うめえ、うめえ。』って言いますだ。んでも、殿様、おら、べつに人を困《こま》らすほど、悪いうそはついたことねえす。」

これを聞がしゃった《(お聞きになった)》殿様は、

「ハッハッハッ。」

と笑《わら》いながら、

「いやいや、よは、なにも、その方《ほう》をとがめだてするために呼《よ》んだのではない。おまえのうそのうでまえをためしたかったのじゃ。よの遊びじゃよ。」

って言《い》わしゃったと。

「なあんだ。おらまた、『うそつきめ！』って、首でもちょん切られっかと思ったす。」

って、与左エ門が胸《むね》なでおろすもんだから、殿様は、また、

「ハッハッハッ。」

って、笑わしゃったと。

そのうち、殿様は急にまじめっつらして《(まじめな顔をして)》、

「それではひとつ、よの前で、とびきり上等《じょうとう》なうそを一つ申《もう》してみよ。」

って言わしゃったと。与左エ門は、少し考えて、くそまじめづらしてこうお答えしたと。

「ただ今は、うそは申しあげらんにえ《(申しあげられません)》です。」

殿様は、たまげたような、おもしゃぐねえ《(おもしろくない)》ようなつらで、

「それは、また、どうしてじゃ。」

って、つめ寄《よ》ってこらしゃったと。与左エ門は、なおさらまじめくさって、

「実《じつ》は、うそこきにも、たねの書いてある書物《しょもつ》がありやす。きょうは、ええにく《（あいにく）》それを持って参《まい》りませんで、うそは言わんにえ《（言えません）》です。」

って答えたと。これを聞くと、殿様《とのさま》は家来《けらい》の者さ、

「与左エ門《よざえもん》の家に行って、うそのたねの書物を持って参れ。」

ってお命《めい》じになったと。

家来どもは、とっそく《（さっそく）》与左エ門げさ行って、与左エ門のかが《（妻）》に話したと。与左エ門のかがは、たまげてそこらじゅうさがしたんだげっちょ《（さがしたんだけれど）》、そだもの《（そんな物）》は、どこにもなかったと。

「おさむれえ様、なんぼ《（いくら）》そこらじゅうさがしたって、おらげにはそだものはねえです。だいいち今までに、そだもの見たことも聞いたこともねえです。」

って、与左エ門のかがが泣《な》き泣き言ったと。家来《けらい》たちもしかたなくお城《しろ》さもどったと。

家来の話を聞いた殿様は、与左エ門さ向かって、

「これこれ、与左エ門。そち妻《つま》は、うそのたねの書物はないと申《もう》したそうじゃが、どうしたことだ。」

って、どならしゃったと。そうすっと、与左エ門は胸《むね》をはって、

「うそのたねの書物なんつぁ(などは)、もともとどこにもねえです。ありゃあ(あれは)、おらのうそだす。」

って言ったもんだと。これを聞いた殿様は、

「しまった。やられた。」

と思わしゃって、すっかり感心しっちまったと。

「なるほど、これは見事なうそじゃ。さすがうそつき与左エ門だ。」

って言わしゃって、与左エ門にでっちり(たくさん)ほうびをあげたっつう話だ。

話　者・草野　豊
再　話・川田　昌利
さし絵・力丸　丈夫

ぶぐ

ざっとむかし、あるところに、ぶぐっつう《ぶぐという》子どもがいたんだと。ぶぐは、生まっちゃ《生まれた》ときから、そそっかしい子どもだったど。

ある日、ぶぐが遊んでたら、おっかが、

「ぶぐうっ。ぶぐうっ。」

って、でけえ声して呼《よ》んだと。ぶぐは、何だべ《何だろう》って思いながら、急いで家ん中さ入ったと。

「あのな、ぶぐ。せっかく遊んでっとこすまね《すまない》げっちょ《けれど》、お寺さ行ってきてくいよ《おくれ》。」

おっかはそいに《そのように》、ぶぐさたのんだと。ぶぐは、

「ん、行ってくる。お寺だな。」

つって《(と言って)》、家飛《と》び出すべとしたと。何しゃ《(何しに)》行くのかもわかんねうち出っぺとすっから《(出ようとするから)》、おっかはあわてて、

「ぶぐ、待ってろ。お寺さ何しゃ《(何をしに)》行くか、わかってんのか。」

って呼び止めたと。

「んだった《(そうだった)》。」

ってもどったぶぐさ、おっかはようっく《(ようく)》とおせた《(おしえた)》と。

「お寺さ行ったらな、ぼうさまさ、こいに《(このように)》言うんだぞ。『きょうは、ばさまの命日《めいにち》だから、おれ《(わたし》げさ《の家)》来ておがんでおくれ。』って。そして、ぼうさまこと《(を)》、つっちぇ来て《(つれて)》くいよ《(ください)》。」

んでも《(それでも)》、ぶぐは、ぼうさまっつうのが、どこで何してっか、よっく《(よく)》とわかんねえもんだから、

「ぼうさまっちゃ《(ぼうさんというのは)》、どこにいんだべ。」

って、おっかに聞いてみたと。おっかは、

「んだなあ。きょうあたりは、こだに《(こんなに)》天気もいいから、表《おもて》で、草でもむしってっぺ《(むしっているだろう)》。まっ黒い着物《きもの》着てっから、すぐわかるわ。行ってみろ。」

って、おせて《(おしえて)》やったと。

「ん、行ってみるわ。」

ぶぐは、そいに《(そのように)》言って出てみたげっちょ《(けれども)》、ほんとうにいっかなあって、うんと心配だったと。

お寺さついたから、ぶぐは、あっちこっちながめたと。そしたら、門のところで、まっ黒い

でっけいべご《(牛)》が、草をぐじゃらぐじゃら食ってたと。

「ははあ、庭で草むしりしてる黒い着物《きもの》着たぼうさまっちゃ《(というのは)》、これだな。」

ぶぐは、そいに思ったもんだから、こいに《(このように)》言ったと。

「ぼうさま、ぼうさま。きょうは、おれげのばさまの命日《めいにち》だから、おれげさ来てくんつぇ《(ください)》。」

ぶぐの声が、あんましでっけかったから、べごはたまげっちまって、

「モー。」

ってないたと。ぶぐもたまげて、

「モーでねえ、ばあだ。」

ってゆっ《(言)》たら、また、

「モー。」

ってなくんだと。そのうち、ぶぐはおこっちまって、

「ほんに、なんぼ《(いくら)》ゆっても、ちっともわかんねぼうさまだ。」

っつって、わげ《(自分の家)》さもどっちまったと。

この話聞いて、おっかはあきれっちまったと。

「なんだ、それは、べごだべ。ほんとにしょうがねえな。庭さいねかったら、たけえ《(高い)》とこさいって、お経《きょう》でもあげてっぺから、もう一ぺん行ってこ。」

と、そいにおせたと。

ぶぐがお寺さ行ってみっと、今度は、お寺の屋根の上にカラスがいたと。

「ははあ、黒い着物着て、たけえとこでお経あげてるぼうさまっちゃ、あれだな。」

ぶぐは、そいに思っちまったもんだと。そして、でっけ《(大きい)》声して、

「ぼうさま、ぼうさま。きょうは、おれげのばさまの命日だから、おれげさ来てくんつぇ。」

ってたのんだと。カラスはたまげて、カアってないたと。ぶぐが、

「カアでねえ、ばあだ。」

っつっても、カアカアなくもんだから、ぶぐは、

「ほんとに、わがんねぼうさまだ。」

ってどなって、石ぶっつけてわげさもどったと。

この話聞いておっかはあきれけっちまったと。

「なんだ、それは、カラスだべ。ほんとにしょうがねえな。お経もあげていねかったら、裏《うら》

の方で庭はきでもしてっぺから、もう一回行ってみろ。」

そうおせらっちぇ《(おしえられて)》、ぶぐは、またお寺さ行ったと。おっかにゆわっちゃとおり《(いわれたとおり)》、こんどは、裏《うら》の方さ行ってみたと。そしたら、ぼうさまでなくって小ぞうが庭はきしてたと。

「ぼうさま、ぼうさま。きょうはおれげのばさまの命日《めいにち》だから、おれげさ来てくんつぇ。」

ってたのんでみたと。小ぞうはびっくりして、

「おら、だめだ。ぼうさまはきょうはいねえから、だめだ。」

ってことわったと。んでも、ぶぐは、つっちぇかねえと《(つれていかないと)》おっかにおこられっから、

「いいから、いいから。」

って、むりやり小ぞうをつっちぇっちまったと《(つれて行ってしまったと)》。

ぶぐげでは《(ぶぐの家では)》、ぼうさまが来たから、

「よがった《(よかった)》、よがった。」

って喜《よろこ》んだと。ぶぐにひっぱらっちぇ《(ひっぱられて)》はねて《(走って)》きて、あせびっしょりの小ぞうを見て、ぶぐげのおっかは、

「ぼうさま、お経《きょう》あげる前に、ひとふろあびたらよかんべ《(いいでしょう)》。みんな集まるまで、まだま《(間)》があっから。」

って言ったと。小ぞうも、何かお経を考えねっけなんねときだから《(考えなければならないときだから)》、ふろさ入っちぇもらう《(入らせてもらう)》ことにしたと。小ぞうがふろさ入ったら、おっかがゆかげんきいたと。小ぞうは、

「ちっと《(少し)》、ぬるい。」

って答えたと。そんじぇ《(それで)》、ぶぐはふろたきしたと。んでもそのうちに、たくものなくなったから、

「おっかあ、たくものなくなったあ。」

ってどなったと。おっかは、

「何でもいいから、そこらにあるものくべろ。」

って答えたと。ぶぐは、

「何かねえかなあ。」

ってさがしたと。そしたら、小ぞうがぬいだ着物《きもの》があったから、みんなふろさくべっちまったと。

ふろからあがった小ぞうは、着物がねえからたまげっちまったと。家じゅう大さわぎしてたら、ぶぐが、

「あ、おら、くべっちまった。」

っつうので、みんなはあきれっちまったと。んでも、しょうがねから、そこいらの着物を着せたと。このさわぎで、小ぞうは、せっかく考えたお経の文句《もんく》を、すっかり忘《わす》れっちまったんだと。

そのうちに、親類《しんるい》の者がどんどん集まり、小ぞうは、とうとう仏だんの前さすわらせらっちゃと。

「何てよむべなあ。」

って考えてるうちに、

「さあ、お経おねげえします。」

って言《い》わっちぇ(と言われて)、ひょこっと仏だんのおくの方を見たらば、そこからネズミが、ちょこっと首を出したんだと。小ぞうがにらむとひっこむんだと。見ないふりすっと、またネズミが首出すんだと。にらむと、またひっこむんだと。小ぞうは、「ん、これだ。」って思って、いかにもありがてえお経のようによんだと。

「チョッコークビ　ツンダシター。(ちょこっと首を出した)　ミタレバ　ヒッコンダー。(見るとひっこんだ)
チョッコークビ　ツンダシター。ミタレバ　ヒッコンダー。」

これを聞いて、みんなは、

「ありがてえ、ありがてえ。」

って頭を下げたと。ぶぐも、

「おめえ、えれえぼうさまこと呼《よ》ばってきたな。」

って、うんとほめらっちゃと。

話　者・増子　ミキ
再　話・川田　昌利
さし絵・鈴木　信光

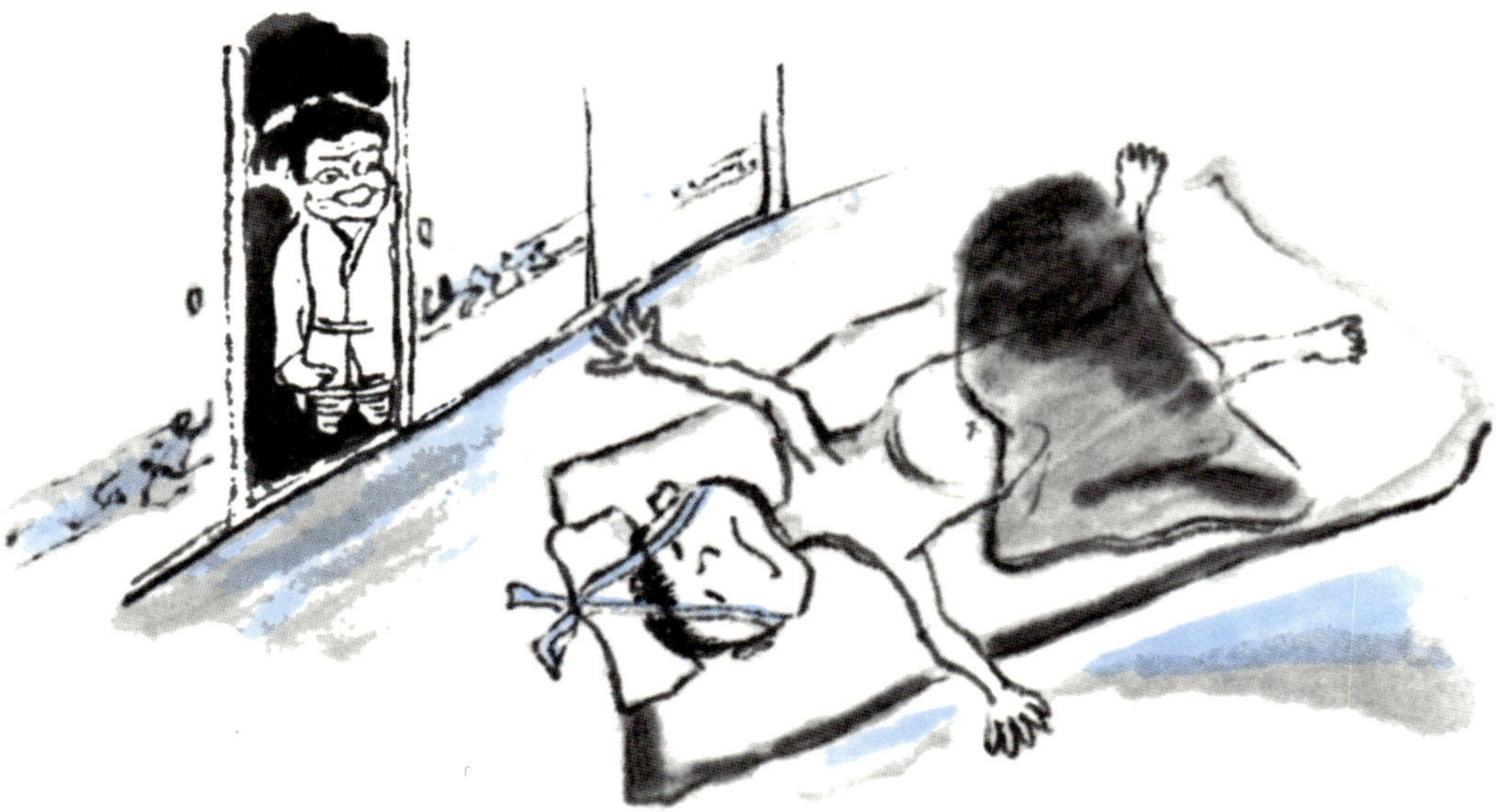

のんきなむこさま

ざっとむかし、あるところに、のんきなむこがいたんだと。

ある日、むこさまが、初《はじ》めてよめげさ《(よめの家に)》行くことになったんだと。よめもいっしょに行ったと。

よめげでは、

「むこどん、むこどん。暑いとこ、よく来てく《(く》っちゃない《れましたね)》。」

「さあ、食べなんしょ《(食べてください)》。」

「さあ、飲《の》みなんしょ。」

と、大喜《よろこ》びでむかえてくっちゃと。

むこさまはいい気分でごっつぉ《(ごちそう)》になっていた

げんちょも《(けれども)》、よめは、

「おれげのひと、いい気になって、笑《わら》われるようなことしねければいいんだげっちょ《(いいんだけれども)》。」

と、気が気でなかったと。

それでも、その日は、たいした失敗《しっぱい》もなくうまくいって、さて、いよいよねることになったと。よめは、

「おれげのひとは、ねぞうが悪くて、まくらなんてすぐふっとばしっちまんだから……。」

そう言いながら、まくらをむこの頭さふんどしでゆわえて《(しばって)》おいたんだと。

次の朝早く起きたよめのおっかあは、

「おらげのむこさま、よっく《(ようく)》とやすめたべか。」

って思って、ざしきのふすまをすこし開《あ》けてみたんだと。そしたら、大の字にまたをおっぴろげて《(ひろげて)》、大きな口をあけて、グアーッ、グアーッって大いびきかいていたと。よっく見っとむこどんの額《ひたい》さ、へんなもんがしばらっちぇた《(しばられていた)》と。

「ありゃ、何だべ。」

そばさ寄《よ》ってよくよく見たらば、こきたねえ《(きたない)》ふんどしで、まくらが額にしばらっちぇたんだと。

おっかあは、おったまげるやらあきれるやらで、しめえには《(しまいには)》、かんかんにおこっちまったと。

そうして、

「なんぼ《(いくら)》のんきだって、まくらを額さしばりつけてねるような男に、おれげのでいじな《(だいじな)》むすめ

は、くっちぇおがんにぃ《(くれておかれない)》。」

って、むこを追《お》い帰してしまったと。

のんきなむこは、

「よめげのおっかにおこらっちゃあ《(しかられたあ)》。でえじなよめをとっけさっちゃあ《(とり返されたあ)》。」

って、泣《な》き泣きわげさ《(自分の家)》もどったと。

その話を聞いて、村の友だち四、五人がむこげさ《(むこの家)》集まったと。

「ああ、んが、んが《(そうか、そうか)》。よし、よし、そだこって《(そんなことで)》しんぺいすんな。おれらにまかせておけ。」

って、みんなでなぐさめたと。そして、何だか、ひそひそと相談《そうだん》ぶってた《(していた)》と。

その日もくれるころ、

「おらたちゃ、となり村の者だが、くたびっちぇ《(つかれて)》、はあ、一足《ひとあし》も歩がんにぇ《(歩かれない)》。どうか、一晩《ひとばん》とめてくんにぇべか《(くれませんか)》。」

そう言って、よめげの入り口さ立った男が、四、五人いたと。よめげのおっかあは、

「それはなんぎ（たいへんな苦労《くろう》）なこった。さあ、入れや、あがれや。」

っていってくれて、男たちをとめることにしたと。

さあて、部屋《へや》さとおさっちゃ《(通された)》男たちは、そりゃあ、実は、あのむこの友だちで、前の相談どおりに、みんなまくらを額にあてて、持ってきたきたねえ《(きたない)》ふんどしで、しっかりしばって、足を大の字にひらいてねむったと。

次の朝、おっかあは、男たちを起こそうと思ってふすまをひらいたとたん、とんびゃがるほ《(とびあがるほど)》どたまげっちまったと。あの男もこの男も、みんな、きのうのわげ《(自分の家)》のむこどんと同じかっこうでねてたんだと。

「あららら、おらげのむこどんの村では、みんな、そだかっこうでねでんのがい。」

おっかは、のそのそ起きだした男らに、こう

聞いてみたと。そうすっと、みんな、さもあたりめえだっていうような顔して、

「んだ、んだ《(そうだ、そうだ)》。みんな、こうしてねるんだぞい《(ねるんですよ)》。」

って答えたもんだと。この話を聞いて、おっかあは、

「ああ、のんきもんだなんて言って追《お》い出して、おら、とんでもねえことしっちまった。許《ゆる》してくいよ。許してくいよ。」

って、泣《な》き泣きあやまったと。

それからっちゅうもんは、よめとむこも、よめげとむこげ《(よめの家とむこの家)》も仲《なか》よくくらしたと。

ざっとむかし、さけえた。

話　者・増子　ミキ
再　話・川田　昌利
さし絵・槌谷　幸一

おたん沼《ぬま》

むかし、この村からとなり村さぬけるとうげに、「四日《よっか》じい」「四日《よっか》ばあ」っつう夫婦《ふうふ》のおいはぎ※が住んでたんだと。

四日ばあは、山の上で見はってで、旅人を見つけっと、合図《あいず》すんだと。そうすっと、やぶん中さかぐっちぇ《（かくれていた）》だ四日じいがすっとんで来て、金や物をうばいとるつう《（という）》悪いことを重ねてだんだと。

この二人《ふたり》の間には、「おたん」っつう年ごろのむすめがいてな、自分の親たちが悪いごとしてるって知ってがらは、

「悪いことしねえで《しないで》ぇ。たのむから、今すぐやめてぇ。」

って、毎日のように泣《な》き泣きたのんだっつうが、どうしてもいうこときいてもらわんにぇがった《もらわれなかった》と。

思いあまったおたんは、ある日、親たちが外さ出たあと、近くの沼《ぬま》さ、身《み》を投《な》げっちまったんだと。

家さもどった四日じい、四日ばあの二人は、おたんのいねえ《いない》ごとに気がついて、

「おたーん。おたーん。」

って、むちゅうになってさがしまわったっつうが、どごにも見当たんねえ。

やがて沼のほとりさ来て、

「おーい、おたーん、どごさ行ったあ。」

って呼《よ》んだとき、

「はーい。」

っつう返事が聞こえだど。

二人は、沼に向かって、何べんも呼んでみっつど《みるというと》、そのたんび《そのたび》、悲《かな》しい声で、

「はーい。」

っつう返事が、沼の底《そこ》からもどって来たんだと。

それからっつうもんは、二人は、ひませえあっとこの沼さ来ては、おたんの名、呼ばってだと。そうして、いつのまにか、おいはぎも出なぐなったんだと。

この沼《ぬま》は、それからは「おたん沼」って呼《よ》ばれるようになったが、ふしぎなことに、今でも、
沼さ向かって
「おたーん。」
って声かけっと、(かけると)
「はーい。」
って返事がくるっつう話だ。

再　話・佐久間源司
川田　昌利
さし絵・佐藤　　悳

注　※おいはぎ＝夜道などで人をおどしてお金や物をとるどろぼう。

キツネの恩《おん》返《がえ》し

むかし、このあたりさお城《しろ》があったころの話だ。

城下町《じょうかまち》に、ひょうばんのいい医者《いしゃ》どん(お医者さま)がいて、たいそうはやっていた(みてもらう人でにぎわっていた)んだと。

春先のある晩《ばん》のこと、この医者どんの家の戸をドンドン、ドンドンってたたく者がいたんだと。

「いまじぶんに、だれだろう。」

と、医者どんが戸をあけてみっと、見たことねえ男が立ってて(立っていて)で、

「おらあ、羅漢山《らかんさん》のすそ(ふもと)に住《す》んでる藤兵衛《とうべえ》っちゅうものでがす(というものです)。おらえの(うちの)かかあ(つま)が、お産《さん》で苦しがってて(苦しがっていて)で、このままだと死んじまう。先生、何とか助けてくだっしょ(ください)。おねげえします。」

って、おがむようにして言うんだと。

気さくな(もったいぶらない)医者どんは、

「それは、かまわねえではおけまい。」

と、かご※さ乗って、さっそく出かけたと。

やがて、男の家さついだと。そこは山ん中で、その家っつったら《（といったら）》、かべはくずれてるし、家ん中さすわったまんま屋根のすきまから月が見えるようなひどいあばらやだったど。

んでも、医者《いしゃ》どんは、そだこと《（そんなこと）》ちっとも気にかげねえでな、さっそく手当《てあ》てしてやって、ぶじに、かわいい赤んぼうをとりあげてやったんだと。

医者どんは、藤兵衛《とうべえ》の家がまずしそうだったので、お金はもらわねえで、そのまま帰ろうとしたんだと。そしたらな。

「そんでは、あんまり申しわけねえ。」

って藤兵衛に引きとめられっちぇ《（引きとめられて）》、ごっつお《（ごちそう）》になって帰ることにしたんだと。

出されたごっつぉ見て、医者どんはたまげっちまった《（おどろいてしまった）》ど。それは、町一番の店の料理《りょうり》と変わんねえりっぱなもんで、二《に》の膳《ぜん》※つき、その上、酒《さけ》も用意されてたっつうんだわ。

医者どんは、すっかりごちそうになって、いい気分で藤兵衛に送ってもらって、家さ帰ったど。

ところが、次の日のこと、前の晩《ばん》にあった町一番のお金持ちの家の祝儀《しゅうぎ》（結婚式《けっこんしき》）で、用意してた料理が、一人分消えっちまったっつう話で、町内大さわぎだったと。

この話を聞いた医者どんは、こう思ったど。

「何かへんだと思ってたが、これでわかったわ。ゆんべ、藤兵衛んとこでごちそうになった料理は、その祝儀のものだったんだ。藤兵衛という男は、羅漢山《らかんさん》に住むという藤兵衛ギツネにちがいない。」

その年の夏のことだったと。この夏は、ひどい日照《ひで》りが続いてな、田植《たう》えが終わったあと、一たらしの雨も降《ふ》んねえ。

お百《ひゃく》しょうたちは、みんなして川から水を運《はこ》んで田んぼさかけたり、鹿島《かしま》のお宮さ行って、雨ごいのおいのり※したりしてみたんだげっと《(けれど)》な、ちっとも《(少しも)》ききめがねえんだと。

このままでは、お百しょうだけでなく、さむらいや町の人みんな、食べる米、なくなっちまうっつうことで、町中の人が川の水をおけさくんで《(おけに入れて)》は、田んぼさ運んだと。

毎日毎日働《はたら》いたもんだから、みんなくたびっちぇ《(つかれて)》、夜になっと、川の土手さ、たおれるみでえにねむっちまった《(ねむってしまった)》んだと。

ところが、どうしたっつうごとだべ《(どうしたことだろう)》。朝になって気がつくと、雨も降んねのに、田んぼには水がたっぷりはってあって、イネは青々と元気になっていたんだと。

次の晩も、またその次の晩も、同じことが続いたっつうんだ。

「こりゃ、おったまげた。だれのしわざだっぺ。」

と、不思議《ふしぎ》に思ってな、見はりの者、五、六人が、ねむんねぇで待ちかまえていたんだと。

そしたら、真夜中に、ザーッ、ザーッつう音が聞こえてきたんだと。そうっと近づいてみる《(見て》っつうど《みると)》、黒い人かげが一人、おけをかついで、川と田んぼのあいだを行き来して、水をくみ入れてだっつうんだ。

その動きのはええごどはええごど《早いこと、早いこと》。とても人間のすっこととは思えねえがったと。

見はりの者は、しめえに《さいごに》、

「おめえさんは、だれだ。なんして、おれらの田んぼさ、水、入れてくっちぇんだ《入れてくれてんだ》。」

と、きいてみだと。そしたら、

「おれは、〝藤兵衛《とうべえ》〟っつう者だ。この町の人に、うんと《たいそう》世話《せわ》になったから、そのお礼《れい》にやってんだ。んでも《でも》、もう今夜でおしめえだ、あしたは、必ず雨降《ふ》っから…。」
と言ったかと思ったら、すうっと姿《すがた》消しっちまったんだと。
その男の言うとおり、次の日から雨がざあざあ降って、田んぼのイネは助かったど。
あとで、お百《ひゃく》しょうのなんぎ（苦しみ）をすくった藤兵衛っつうのは、お産《さん》のとき助けてもらった医者《いしゃ》どんへの恩返《おんがえ》しをすっぺと思った藤兵衛ギツネだとわかって、町の人たちは、神社をつくって、このキツネをまつったど。

注　※かご＝人を乗《の》せてはこぶむかしの乗りもの。

注　※二《に》の膳《ぜん》＝お膳が二つならんだりっぱなごちそう。

注　※雨ごいのおいのり＝雨がふるように神さまにするお願い。

再　話・佐久間源司
　　　　川田　昌利

さし絵・鈴木　隆一

カッパの宝物《たからもの》

むかし、広々とした田んぼと畑ん中さ、百《ひゃく》姓家《しょうや》がぽつらぽつらあったころの話だ。

村のはずれを、阿武隈川《あぶくまがわ》が流っちぇ《（流れていて）》で、ふち※があったんだと。

このふちには、カッパが住《す》んでたんだと。

このカッパは、野《の》っ原《ぱら》で放《はな》し飼《が》いしてる馬を川さ引き入れっちまうもんだから、このあたりでは、馬の野放《のばな》しはしなぐ《（しなく）》なったんだと。

ところが、佐川《さがわ》っつう人《（っていう人）》が、

「おれげ《（わたしの家の）》の馬は、ここらでは見らんにぇ《（見られない）》、強くてりごう《（かしこい）》な馬だぞ、カッパなんど来

たっても、びぐどもするもんじゃねぇ。きょうは、野放しにしておいでみっぺ《（おいでみよう）》。」

と馬を野っ原さ放しておいだど。

　これを見つけたカッパは、

「しめしめ、馬が野放しになってっつぉ《（いるぞ）》。この手綱《たづな》をそうっとたぐって……。んまぐ《（うまく）》いきそうだぞ……。えいっ。」

と手綱を引っぱったど。

　ところが、この馬は佐川がじまんするだけあって、てぇした《（たいした）》馬で、カッパに引っぱられっとこが、反対にカッパを引っぱって、家さ帰って来《き》っちまったんだと。カッパは、わがで《（自分で）》引いた綱で、佐川のとこさ引っぱらっちぇ《（引っぱられて）》いっちまったっつうわげだ《（というわけだ）》。

「ほら、おらの思ったとおりだ。カッパめ、おらげの《（わたしの家の）》馬にはかなわねがったべ《（かなわなかったろう）》。」

と、得意《とくい》になって、佐川はカッパをにらんだと。

　佐川は、このカッパをどうすっぺが《（どうしたらいいか）》としばらく考えたが、

「そうだ、カッパはよく宝物《たからもの》持ってるっつうがら、ためしてみっぺ。」

と、思いついて、こういったど。

「おめえは、こごらの《（このへんの）》馬を何びきもふちに引きこんだ。きょうは、おれげのでいじな《（大切な）》馬もやられっとこだった。おめえは、とんでもねえ悪《わる》いやつだ。んだがら《（だから）》、本当《ほんとう》はおめえの命《いのち》をもらうとこだが、おめえの宝物をおれにくれるっつうなら《（くれるというのなら）》、命だけは助けてやってもいいが……。

どうする、カッパ。」

んでも、カッパはだまってんだと。佐川はもう一度、

「どうだ、命《いのち》はおしくねえのが。出さねえっつんだら、この刀で切っちまぁぞ。」

って、刀をぬいておどかしたど。

カッパは、しばらく考えて、こんどはかんねんした(あきらめた)ように、ぴかぴか光る玉を取り出して、いだましそうに(もったいなさそうに)佐川にわたしたど。

「おお、よく出したな。そんじゃらば(そんならば)、約束《やくそく》どおりおめえを助けてやっから、早くけえれ(帰れ)。」

佐川が、そう言うと、カッパは、すごすごと帰って行ったんだと。

佐川夫婦《ふうふ》には、子どもがいねえがった(いなかった)から、宝物《たからもの》の玉さむかって、

「これ、宝の玉よ。おらげ(わたしの家)には、子どもがいねぇ。なんとか、男の子をさずけてもらえでぇ。」

っておがむようにしてたのんだと。

それからしばらくするっつうど(するというと)、佐川の家さ、ねがいどおり男の子が生《う》まっちゃん(生まれた)だと。

ところが、その子どもは、十《とお》になっても、十五になっても、立つことができねえんだと。

佐川夫婦は、心配して、神様《かみさま》や仏様《ほとけさま》にお祈《いの》りしたんだげんちょ(けれど)、そのききめはなかったど。

あるとき、この子どもが、二人《ふたり》にこう言ったど。

「おら、お願《ねが》いがあんだげっと(あるんですが…)……。おれに宝物入った箱《はこ》、しょわせてくれねぇべか(せおわせてくれませんか)。それしょったら、歩けるような気がすんだ……。」

二人は、
「おめえが、そう思うんだら、ためしにしょわせでみっか。」
と言って、宝物の入った箱、しょわせでみだんだと。
そしたら、今まで一回も立ったごどがねがったむすこが、むっくり起き上がって立ったど思ったら、一歩二歩と歩き出したでねえが……。

「ああ、ゆめみてえだ。よがった、よがった。」

って、二人《ふたり》はなみだながして喜《よろこ》んだっつうわ。

ところが、そのうち、むすこは何思ったか外さ向かって走り出したんだと。はじめは喜んで見てた二人も、心配《しんぱい》になって、

「おおい、どこさ行ぐんだあ…。待ってろ…。」

って追《お》いかけてみだが、その速《はや》いこと速いこと。二人は、追いつくことはできねがったど。

そのうち、二人は、とんでもねえことに気がついたど。

「あれぁ、カッパだぁ。おらだち、だまさっちぇだんだぁ《(だまされていたんだあ)》ー。」

二人は、くやしがったが、おそがったど。箱をせおったカッパは、そのまま川のふちへドブーンととびこんだんだと。

そして、川の岸まで追っかけて来た二人に、水の中から顔を出して、

「おーい、宝の玉、やっと取っかえしたぞう。ワッハッハッハ…。」

って、でっけぇ《(大きい)》声で笑《わら》うと、ドブンと姿《すがた》消しっちまったんだと。

再話・佐久間源司
川田　昌利
さし絵・佐々木八郎

注　※ふち＝川が深くなって流れが止まって見えるところ。

会津のむかし話

瓜《うり》ひめ

むかあし、あっとこ《(あるところ)》に、仲《なか》のいいじいさまとばあさまが住《す》んでいたんだと。

あっとき《(あるとき)》、瓜《うり》畑の中から女の子を拾《ひろ》ってきたんだと。瓜の中から出たかなんだか《(出たのかどうかわからないが)》、たいしたきれいなおひめ様のような女の子だったんだと。瓜畑の中から拾ってきたきれいなおひめ様だったんで、瓜ひめという名まえをつけたんだと。

じいさまとばあさまは、子どもがなかったもんだから、二人《ふたり》でたいへんかわいがって育《そだ》ててきたあだと。

年ごろになっと、瓜ひめは、機《はた》を織《お》るようになっただと。

じいさまとばあさまは、瓜《うり》ひめがあんまりきれいなので、それが、いつも心配だったと。

あっとき、じいさまとばあさまが、二人《ふたり》で畑さ仕事に行くことになったんだと。二人がるすになるんで、じいさまは、

「瓜ひめよ。あまんじゃくじゅう(という)、人を食う者がいんだから(いるから)、こんな若《わか》いむすめなんどは、取って食われっちまあから、おらあのえねえ(いない)ときは、けっして戸なんどあけちゃあなんねえぞ。どなたがきてもだ。ええなあ。」

そう言って、畑さ仕事に出たんだと。

じいさまとばあさまが畑さ仕事に出かけたんで、瓜ひめは、トンカラリン、トンカラリンって機《はた》を織《お》っていたと。そうすっと、そこへ、あまんじゃくがきて、トントン、トントンって、外の戸をはてえた(たたいた)んだと。そうしてなあ、

「瓜ひめ、戸をあけろう。瓜ひめ、戸をあけろう。」

って言っただと。瓜ひめは、じいさまとばあさまが畑さ仕事に出ていくとき言ったことばを思い出して、

「あけらんにえ。じいさまやばあさまが、けっしてあけてなんねえどってえんぎゃった(出かけられた)から、おらあ、あけらんにえだ。」

ってきかねえで(言うことをきかないで)、機を織っていただと。そうしたら、あまんじゃくは、

「なあ、瓜ひめ、ちいっとあけろや。ちょっこらあけてけろや。」

って、あんまりうるさく言うもんで、瓜ひめもついうっかりしてなあ、戸を少しすかしてあけたんだと。

そうしたらば、それはあまんじゃくだったもんだから、戸のすきまさつめぶっつぁ《(さして)》して、ガラガラっと、戸をあけちゃったんだと。そしてなあ、うちの中さよって《(はいって)》きて、瓜《うり》ひめをぺろっと食べっちゃっただと。

あまんじゃくは、こんだあ瓜ひめに化《ば》けて、きれいな女になって、知らねえふりして機を織っていたんだと。

そんなことは何も知らねえじいさまとばあさまは、畑からもどってきて、

「瓜ひめ、今もどってきたぞう。」

って、家の中さ入ってみっと、そこにいたのは、

もとの瓜《うり》ひめで、ちゃあんと着る物も着ていたし、顔も同じで、どこも変わったとこがなかったと。

「瓜ひめ。あまんじゃくが来なかったかあ。」

って、じいさまが言ったら、

「あまんじゃくなんか、来なかったぞう。」

って、瓜ひめに化《ば》けたあまんじゃくは、そのまま、機《はた》を織《お》って、すましていたんだと。

そのうちになあ、瓜ひめは、たいそうきれいなむすめだったもんだから、りっぱなうちさ花《はな》よめに行くことになったんだと。

いよいよ花よめんなって行くときはなあ、りっぱなかごさ乗っていくことになっただと。瓜ひめがなあ、瓜ひめに化けたあまんじゃくがだあ。なんにも知らねえじいさまとばあさまは、ほんとうの瓜ひめの気んなって、泣《な》いたり、悲《かな》しんだりして、別《わか》れをおしんだんだと。

いよいよかごが出発《しゅっぱつ》するときになったもんだから、じいさまとばあさまはなあ、瓜ひめの乗ってくかごのそばさかけ寄《よ》ってなあ、

「瓜ひめ、瓜ひめ、瓜ひめ。」

って、泣きながらしゃがんだんだと。(うずくまった)

そんときだあ。どっからか、きれいな鳥がすうっと飛《と》んできて、そのかごのそばの木さとまって鳴いただと。

「瓜ひめどのの乗りかごさあ、ああまんじゃあくがぶん乗った。ピーク、ピーク。」

って、うんと鳴いただあと。じいさまもばあさまも、そばにいた人も、

「おかしな鳥がいるもんだあ。えんぎがわりいから追《お》っぱらっちまえ。」

って、その鳥を追っぱらうと、またもどってきて、

「瓜ひめどのの乗りかごさあ、ああまんじゃあくがぶん乗った。ピーク、ピーク。」

って、また、鳴きだすんだと。

そんじえなあ、こんだあ《(今度は)》、じいさまもばあさまも、初《はじ》めて気がついただと。そこのかごさ乗ってるのは、瓜ひめじゃあなくて、あまんじゃくなんだとわかったもんだから、その瓜ひめに化《ば》けたあまんじゃくつかまえたんだと。

こんじえ、いっちょうさけた。

話　者・安藤　紫香

再　話・新国　則夫

さし絵・佐久間　敬

天福《てんぷく》と地福《ちふく》

むかしむかし、あるところにちっちぇ《（小さい）》村があったと。その村に、天左衛門《てんざえもん》つう男と地左衛門《ちざえもん》つう男が住んでたと。二人《ふたり》ともお百しょうで、村のもんは、子めら《（子どもたち）》も大人《おとな》も、みなこの二人どこを天福《てんぷく》、地福《ちふく》と呼《よ》んでたと。天左衛門は天福、地左衛門は地福というわけだ。

ところで、天福は、それはそれはうそなどついたことねえ正直《しょうじき》もんで、いつもまじめに働《はたら》いてたと。雨降《ふ》っても、風ふいてもな。そして、いつも天から福がさずかりますようにって、神様さ手あわせっ《（あわせていた）》だと。

「ああ、神様、仏様《ほとけ》、どうかいいことありますように。」

って。

地《ち》福《ふく》のほうはといえば、これは欲《よく》ばりで、天福《てんぷく》とちがって働《はたら》くのきれえ《(きらい)》で、ねてばっかりいたんだと。んじゃげんじょ《(けれども)》も神様さおがもす《(おがみもうす)》のは似《に》ていたと。朝起きっとすぐ、土の中から福がさずかりますようにって、おがもしていたと。

ある晩《ばん》のこと、天福はそれはてえしたゆめを見てな、おったまげた《(びっくりした)》と。神様がゆめの中さ出てきたんだと。

「天福や、おめえは働きもんだ。感心だ。何かほしいもんはねえか。そうだなあ、裏山《うらやま》のとうげさ行くと、そこに一本松《いっぽんまつ》あっから、その松の木の下ほってみっせ《(みなさい)》。かめが出てくっから。中さ大判《おおばん》小判《こばん》がざっくざっくへえって《(入って)》っから、それ全部おめえにあげんべえ《(あげよう)》。」

と言ったんだと。

天福は、朝目さまして、ふすぬな《(ふしぎな)》ゆめだったと思ったと。気になってすかた《(しかた)》なかったと。

そこで天福は、おまんま《(ごはん)》食べて、とうげの一本松さ出かけていったと。くわかついで、きょろきょろ松の木さがし、その根っこのとこほってみたと。すたらば《(そうしたら)》、ほんと、でっけえかめが出てきてな、天福は目丸《まる》くしたと。そすて《(そうして)》ふたとったら、これまたたまげたことに《(おどろいたことに)》、大判小判がざっくらへえって《(入って)》いたと。あんま《(あんまり)》たまげてしまって、こしぬかすてしまったと。そして、そんなもの持ったことねえので、思案《しあん》にくれたと。

「おらあ、いつも天から福がさずかりますようにって、神様、仏様さおがもすて《おがみもうして》きた。んだから、こんなつぼ出てきたかもしんにな。そうだげんじょ《そうだけれども》、これは土の中から出てきたもんだ。土からのさずかりもんだ。このままうっつあ《家に》持ってったんでは、ばちがあたんねえっつわけ《あたらないともかぎらない》もねえ。そうだ、このかめ、ここんとこさ《ここのところに》、んめで《うめて》おくことにすんべえ。」

と言ったんだと。そして、

「おらあのとなりの地福は、いつも土の中から福がさずかるようにおがもすてっから、これはとなりの地福の《もの》がなにつげえねえ《ちがいない》。早くけえって、地福さおせてやんべえ。」

とずって《言って》な、もとどおりかめうめて、うっつあ《家に》帰ったと。

うっつあ《家に》帰った天福は、すぐ地福の家さかけてって、ゆんべ《夕べ》見たゆめのことだの、松《まつ》の木の

根っこんとこほったことだの、それにかめの中さ、ぴっかぴかの大判《おおばん》小判《こばん》がいっぺえへえって
いたことだの、そのまんま話したと。
「地福《ちふく》さあ、おめえは、地福っつうから《(と言うから)》、あれはおめえの《(もの)》がなにつげえねえぞ《(ちがいないぞ)》。」
と、一人《ひとり》で決めて語ったと。そすたら、地福のやつ、首ったま前さつん出し、まなこ光らせて
聞いてたと。そすて《(そして)》、
「そうか、そうか。おらあもそういうゆめ、いっぺん見たことあんだ。今考えっと、まったく
おんなず《(おなじ)》ゆめだった。そうだけんじょ《(そうだけれども)》、おらあ、うそだと思って本気にしなかった。」
と言ったんだと。でも、地福は、そだことずって《(そんなこと言って)》、「やっとこ、おらにも運がめぐってきた。」
と思ってな、ほんとは喜《よろこ》んでいたと。
地福は、次の朝とび起きっと、すぐさま裏山《うらやま》のとうげさ登《のぼ》っていったと。そすて、一本松《いっぽんまつ》め
っけっと《(見つけると)》、そりゃあ、ほんきんなって、根っこんとこほってみたと。そしたら、やっぱすかめ
が出てきてな、地福は喜んだと。で、さっそくかめのふた取《と》ってみたと。そすたらな、
「わあっ。」
と言って、つら《(顔)》がまっさおになってな、こしぬかすてすまったと。と言うのは、かめの中から、
でっけえヘビがな、何《なん》びきも、何十ぴきも、首ったまもったげて《(持ちあげて)》、のびあがって出てきたからだぞ。
地福は、こしぬかしたげんじょ《(けれども)》、気強くしてな、かめのふた急いでビシャッとはめてしまっ
たと。そして、気落ちつくの待って、いろんなわりいこと《(悪いこと)》考えていたと。

「おらあをこだめに《こんなめに》あわせた天福《てんぷく》めっ。」と思ってな、天福をにくらしく思うようになったと。

「なじょうがして《どうにかして》、天福をやっつけてやんべえ。たまげさせてやんべえ。」

って言ってな。

それから、地福はそのでっけえヘビのへえったかめをしょいこんで、うっつぁ《家へ》けえった《帰った》と。まっ暗くなんの待って、だれにもめっけらんにようにこっそりな、天福の家の屋根さはしごかけてのぼっていったと。

家の中では、なんにもわかんねで、天福がすやすやねむっていたと。それ見た地福は、天じょうの戸をビシャッとあけっと、そのヘビのへえったかめをさかさまにして、えいっと投げこんだんだと。そしたら、どうだべえ。投げこんだヘビが、あっという間にぴかぴかの大判小判になって、天福のねどこさ、ばらばら降《ふ》って落ちたんだと。天福は、ねてたげんじょも《けれども》、

「わあっ。」

と言って、たんまげて《おどろいて》目をさましたんだと。

「うわあい。天じょうから降ってきた大判小判だ。これはおらのもんだ。神様からのさずかりもんだ。」

と言って、手をたたいて喜び、拾い集めたと。

再話・鈴木　充正
さし絵・力丸　丈夫

うばすて山

むかしはなあ、年寄《としょ》って、六十一んなっと、木の又《また》どって(持って)、山さ捨《す》ててくんのがならわしになっていだったんだと。

あるとき、母親一人《ひとり》しか持たねえ息子《むすこ》が、六十一んなった母親を山さ捨てなくてなんなくなって、山さつっちっ(つれていった)たんだと。

ほんとき、背中《せなか》さうずって(背中におんぶして)いきながら、

「おれは、なに、死ぬだからいいげんちょ(よいけれども)も、せがれがけえっていくとき、道わかんなくなったら困《こま》んべ。」

と思って、ばあさまは、木の枝《えだ》をおだりおだり(折り折り)

いったんだと。

それから、こんだ、息子が、

「ここさ、いろよ。」

どって《(と言って)》、ばあさまごと捨ててくんべえと思ったときに、ばあさまが言ったと。

「おれは、はあ、かもことねえげんちも《(かまうことはないけれども)》、にしゃ《(おまえ)》帰っていくとき、道わかんなくなっとしょうねえから、おれがおだりおだりきた木の枝《えだ》をめあてにして家さけえってけよ。」

とって、ゆったと《(言った)》。

そうすっと、こんだああんまりむぞう《(かわいそうで)》せくて、息子はどうしたって捨てていかんにぇどって、また、ばあさまごとおぶって、家さけえってきて、家の中さかくしておいたんだと。

あるとき、殿様《とのさま》からちえだめしのいろんなおふれが出ただと。あく(灰《はい》)で、縄《なわ》なってこうと《(きなさい)》。あくで縄なってきた者があったらば、ほうびはすきなほど、なんぼでも出すからと。そういうおふれが出たそうだ。そうすっと、

「こだ《(こんな)》おふれが出た。殿様から、あくで縄なってこうと。縄なったら、なんぼでもほうび出すっていうど。」

まあ、こんなふうにせがれがしゃべっていた。それ聞いたばあさまが、

「ええ、そんじゃらな、おれ、おせっから《(教えるから)》。まず、わらよっくぶって、かだあく《(かたく)》そのなわなって、金《かね》のような板の上さおけ。そこでそっくり焼《や》いっちまえ。それからこんだは、燃《も》えっち

まったとこで、それをそのままそっくり持ってって出せ。」

息子《むすこ》は、なるほどそうだ、そうすっちゅうと《(そうすれば)》、あくの縄《なわ》ができるわけだと思って、ばあさまに教えらっちゃとおりにすっちゅうと、殿様《とのさま》がそれ見て、

「これはどうもめずらしい。たいしたもんだ。どこのだれが出した。ほうびをする。なんぼでも望《のぞ》みどおり出す。」

とゆいやった《(おっしゃられた)》。そうして、こんだ《(こんどは)》ほうびもらったと。

それから、またまた殿様から別なおふれが出たと。打たねで鳴るたいこを持ってこいと。それ作ったら、また望みの物を出すと。望みしで《(しだい)》えのほうび出すからと。

それから息子は、また、ばあさまにせがんだと。そしたら、

「流しにこんなおっきなカメバチの巣《す》あんべ。そのカメバチの巣をたいこの胴《どう》さ入《い》っちぇ。それから皮《かわ》でふたして、たいこそっくり、ほれ、持って、殿様さ出せ。」

と、こう、ばあさまがおせらった《(教えてくれた)》。そうすっと、これころばすと、ハチがおこってんだかどうだか、ぶたねだって《(うたなくても)》ガンガンガンって鳴って、また転《ころ》ばすと、デンデンデンデンと鳴っただと。

「デンデン、ガンガン、デンデンデン。デンデンデンの ガンガンガン………。」

息子は、喜《よろこ》んで殿様んとこさ持っていったと。

「これはたいしたもんだ。いったい、なじょうして《(どうして)》わけい者がこういうことできたか。」

って、殿さまがゆいやった《(おっしゃられた)》と。息子は、かくしていたばあさまのこと、白状《はくじょう》しただと。

それからっちゅうものは、ここらへんでは 年寄《としよ》りを捨《す》てるんでねえということになって、
それから捨てなくなったそうだ。

　ざっとむかしさけた。

話　者・渡部与四一
再　話・津田　智
さし絵・鈴木　信光

貧乏神《びんぼうがみ》

むかあし、あっとこに《(あるところに)》、一人《ひとり》のなまけ者があったただと。

そのなまけ者は、毎日、毎日、遊んでは寝《ね》、食っては寝、起きては遊んでいただと。金もねえもんだから、田も畑も、かたっぱしから売りとばして、働《はたら》きもしねえで遊んでいたんだと。家の中の物も、かたっぱしから売りとばしてしまったもんだから、もう売る物もなくなっちゃってな、しまいには、食べる物までなくなっちまっただと。

そんじえな《(それで)》、いよいよ、最後《さいご》に残《のこ》った家でも売って、遠《とお》い北《きた》の国《くに》さでも行ってくらすほかあねえと考えたと。

はいてくわらじもねえから、今夜のうちに作っておいて、あした、出ていかれるようにしっ《(しよ》かなあ《うかなあ)》と考えたんだと。そんじえ、馬屋の二階《にかい》からわらを持ってきて、トントン、トントン、トントンってわらぶってなあ、わらじ作りを始めただと。

朝げ《(朝がた)》になるころ、やっとわらじができたんで、それをはいて家を出てったあだと。しばらく行くと、だれもいねえはずの自分の家の方から、トントン、トントン、トントンって、わらあぶつ音が聞こえてきただと。はてなあ、おらあ家《うち》には、だれもいねえはずだがなあと、そう思って、よっぽど行ったとこをまたもどってきて、家の中をのぞいてみたあだと。

そしたらば、だれもいねえはずの自分の家の中になあ、頭の毛はぼうぼう、ひげもぼうぼう、着物《きもの》もぼろぼろのじさまが、トントン、トントン、トントンって、わらぶちをしていただと。

なまけ者は、たまげっちまってなあ、そのじいさまに聞いただと。

「にしは《(おまえは)》なんだあ。だまっておれが家さ入ってわらなんぞぶって。」

そしたら、そのじさまはなあ、

「おれかあ。おれはなあ、ここの家の貧乏神《びんぼうがみ》だ。にし《(おまえ)》がいなくなっては、ここの家にもいらんにえから、にしにくっついていくべえと思うだあ。そんじえ《(それで)》、はき物をさがしたら、それもねえがら、これからわらをぶって、わらじを作って、にしがあと北の国さ追《お》っかけていくから、先行ってろう。」

って、そう言っただと。

そんじえ《(それで)》、そのなまけ者は考えてみたと。こんな貧乏神《びんぼうがみ》が、おれにくっついてきては、北の国さ行ったって、貧乏して、また食うようねえだろう。こっから出ていったって、そんじえはしかたがねえから、北の国さ行くのはやめっかなあと思ってなあ、貧乏神に、あとくっついて歩《ある》くわけを聞いてみたあだと。そうしっと《(そうすると)》、貧乏神は、

「おめえは、働《はたら》くことがきれえで《(きらい)》、そうじもいやがるし、ただ寝《ね》たり起きたり、楽《らく》ばっかりしているなあ。おれは、おめえのそんなところが大好《だいす》きだから、おめえのあとをどこまでもくっついて歩くだあ。」

って言っただと。

その話を聞いたなまけ者は、また困《こま》っちまってなあ、貧乏神に聞いただと。

「そんじゃあ、おめえ、何がきれえ《(きらい)》なんだ。」

って言うとなあ、貧乏神は、

「おれがいちばんきれえなのは、札《さつ》と金《かね》だ。その次は、働く人がでえきれえだ《(だいきらいだ)》。おめえの家みた《(みた》よに《いに)》、ごみばっかり集まってっとこや《(ところや)》きたねえとこが、おれはいちばん好きなんだ。反対《はんたい》にきれいにしておくとこは、でえきれえだ。だからおめえみたよに、働かねえで、寝たり起きたりしているやつがいちばん好きだから、おめえんとっからはなんにえだ《(はなれないんだ)》。」

って言ったんだと。

なまけ者は、困ってしまってなあ。貧乏神が、おれとっからはなれていくのには、貧乏神のいちばんきれえ《(きらい)》なことをやればいいんだなあと、考えたんだと。

そんじえは、これから毎朝早く起きて、家の中をそうじしたり、外さ出て働いたりしてんべえ、そうしえば《(そうすれば)》、貧乏神もどこさか《(どこかへ)》行くだべえと考えただだと。

次の日から、毎日毎日早起きして、いっしょうけんめえ家のあたり《(まわり)》をきれいにしたり、夜おそくまで田畑さ行って働いたりしたんだと。そしたら、貧乏神もだんだんいづらくなってなあ、こそこそとどっかさ《(どこかへ)》にげてっちまったと。

そんじえ、なまけ者も、いつのまにか銭《ぜに》がいっぺえたまっただと。

こんじえ、この話は、いっちょうさけた。

話　者・安藤　紫香
再　話・新国　則夫
さし絵・槌谷　幸一

麻布《あさぬの》と水神《すいじん》

むかあしむかあし、あるところさ、じいさまとばあさまが住《す》んでいたと。二人《ふたり》は、貧乏《びんぼう》だったが、つっと《（たいへん）》ばかなかよくって、うそつかねえ正直《しょうじき》な人だったとお。それに、二人とも働《はたら》き者だったと。

ところで、ばあさまは、毎日、カラムス（苧《からむし》）つむいで布織《ぬのお》ってたと。まじめによく働いて、三とせ《（年）》と三月《つき》と九十九日もかかって、やっとこ一反《いったん》織りあげたと。じいさまはそれ見て、

「せっかく、作ったんだから、おら町さ行って売ってくんべえ。」

と言って出かけたんだと。そして、

「布えー、布えー、カラムスの布えー。」

とでっけえ声張《は》りあげて、あっちこっち歩いたと。んじゃけんじょも《(けれども)》、

「そんな布、役に立たね。ためつぼさでも投げっつまえ。」

って言われたと。そんじもこれねで《(それでもこりないで)》、じいさまは、

「布えー、カラムスの布えー。」

と言って歩いていったと。けっちょく《(けっきょく)》、どこさ行ってもだめだって。一日歩きどおし、とうとう一め《(一まい)》も売んねで、うっつあ《(家へ)》帰ったんだと。布しょってな。

がっかりして、村の入り口の川っぷちまでくっと、じいさまは、

「こんなもん持ってたってしょうがねえ。川さでもぶん投げっつまえ。」

と思ったと。そして、「水神様《すいじんさま》さ納《おさ》めます。」って、おがもすように《(おがむように)》投げたんだと。じいさまは、つっ立って流れていく布を見送《みおく》ったと。

そうして、じいさまは、うっつぁ帰ったげんじょ、中さへえらんにかった《(入られない)》と。布売んねで川さぶん投げっつまったから、ばあさまのめえ《(前)》悪くってな。面目《めんぼく》ねえから蓑掛《みのか》けのかげさへえって《(入って)》、おんおん声あげて泣《な》いたんだと。

ばあさまのほうは、じいさまがもうけえって《(帰って)》くると思ってな、小豆《あずき》まんま《(ごはん)》でもたいて、ごっつぉすんべ《(ごちそうしよう)》と待っていたんだと。んだけんども、なかなかけえんねえべす、あたりは暗《くら》くはな

ってくんべす、すんぺですんぺで《(しんぱいで、しんぱいで)》たまらなくなったと。

そうしてると、勝手口《かって》から何か泣《な》くような声が聞こえてくんだって。なんだべな《(なんだろう)》と思って行ったれば、蓑《みの》掛《か》けのかげちょこで《(かげのところで)》、じいさまがまなこ《(目)》はらして泣いてたんだと。

「なにしたんだ、じいさん。こだとこさ《(こんなところに)》立ってえ。すんぺすて《(しんぱいして)》待ってたよ……。腹《はら》へったべえ。こだとこにいねで、早くあがらんしょ《(あがってください)》。」

と言って、じいさまの手、引っぱったと。じいさまは、

「ばあさん、申《もう》し訳《わけ》ねえなあ。おめえがなげえことかかって織《お》った布《ぬの》、どこさ行っても売んにかったんだ。買い手がいねんだあ。おらあ、あんま肝《きも》やけっから《(あんまりはらがたつから)》、水神様《すいじんさま》さあげてきた。」

と、やっとこ言ったんだと。そしたら、ばあさまは、

「ああ、よかった、よかった。そんじいい《(それでいい)》。おめえは、いいことしてくっちゃ。そんなことで肝やいてっことなかんべ。早くあがって、まんま《(ごはん)》でも食わっせ。」

って言ったんだと。そしてふたんじ《(二人で)》まんま食ってたら、急に外がやかまし《(うるさく)》くなってきたと。ガヤガヤ、ガヤガヤすんだと。なんだべと思って、ふたんじ勝手口さ出てみっと、戸の前にでっけえかごが五つもちゃんとそろえて置《お》いてあったんだと。なんだべなあと思って、中あけてみっと、見たことねえ宝物《たからもの》がどっさりへえっていたと。二人は、これは水神様が持ってきてくれたんだと思って、「ああ、ありがてえ、ありがてえ。」と、手あわせておがもしたと《(おがみ申したと)》。

ざっと、むかあしさけた。

再話・鈴木　充正
さし絵・佐藤　悳

ツルの恩返《おんがえ》し

むかし、あるところになあ、子どもを持たないじいさまとばあさまがいたんだと。じいさまはなあ、伝八《でんぱち》ちゅう人なんだと。

あっとき、伝八じいさまが、たんぼさ仕事に出て帰ろうと思ったら、ツルがけがをしていたんだと。そんじぇ、じいさまはなあ、そのツルのけがの手当てをしてやったんだと。

その晩《ばん》になったらなあ、

「こんばんは、こんばんは。」

って、だれかがたずねてきたんだと。じいさまが戸をあけてみっとなあ、きれいなむすめが外

に立っていたんだと。そのむすめはなあ、何ほどきれいなんだかしんにぇんだと。そしてなあ、

「旅《たび》のもんだが、暗《くら》くなってしまったもんで、宿《やど》がなくて困《こま》ってんだが、ひと晩《ばん》とめてもらいてえ。」

って言うんだと。

その伝八《でんぱち》っちゅうじいさまはなあ、ツルでせい《(さえも)》が、かいほうして助けてやるような親切《しんせつ》なじいさまだったもんだから、そのむすめの様子《ようす》をみっと気の毒《どく》になってなあ、とめてやることにしたんだと。

ひと晩とめてやったらば、なるほど手まめに働《はたら》いてなあ、じいさまとばあさまは、たまげてしまったんだと。

そのうちに、そのむすめはなあ、

「ぜひ、この家においてもらいてえ。」

なんて言うんだと。伝八じいさまとばあさまは、子どももねえことだし、そりゃあ大喜《おおよろこ》びでなあ、とうぶん、家にとめておくことにしたんだと。

しばらくすっと、むすめはなあ、

「おれは、機織《はたお》りが大好《だいす》きだ。じいさまとばあさまは、たんぼさ仕事に出て、いっしょうけんめい働いているんだから、おれに、機織りをさせてもらいてえ。」

って言うんだと。

むかしは、陣機《じんばた》ってなあ、足もって弓《ゆみ》んなってる(弓のようになっている)ところを糸ひっかけて、口あけて、ひ（横糸をたて糸に通す道具）でトントントンって織ったもんだと。むすめはなあ、

「ここには、機もあるようだから、おれ、これから機織っから。」

とって、そう言ったんだと。じいさまとばあさまは、たまげてなあ、機織るなんて、そう急に言われたって、糸を買《か》う銭《ぜに》もねえような貧乏《びんぼう》ぐらしだったもんだから、困っちまったんだと。

そうすっと、むすめはなあ、

「何もそれ、糸の心配なんぞいらねえから、糸なんか買ってもらわなくてもいい。おれが織んだから、まかせておいてもらいてえ。そのかわり、機織るとこさ来てもらいたくねえ。」

って言うんだと。むすめがそんなこと言うもんだから、じいさまとばあさまは、たんぼさ仕事に出かけたんだと。

夕方になって、伝八《でんぱち》じいさまとばあさまがたんぼからもどってきてみっとなあ、りっぱな、ほんとうに見たこともねえ布《ぬの》を織《お》っていたんだと。むすめは、じいさまとばあさまの前さそれを持ってきてなあ、

「これを殿様《とのさま》んとこさ持ってゆけば、ばかえっぺえ《(たくさん)》金をもらえっから、持ってけえ。」

とって《(と言って)》、やっただと。

そんじえ、さっそく、伝八じいさまが殿様にその布を持っていってさし上げっと、殿様は、たまげっちまってなあ、

「ああ、これは、ツルの羽衣《はごろも》っちゅうんだ。ツルの羽衣なんてめったに手に入れることができるもんでねえ。こんないいもの、どこでできたんだ。」

とって、伝八じいさまに聞いたんだと。そんじえ、じいさまはなあ、

「これは、おらあのむすめが織ったんだ。」

とって、むすめの機《はた》織りのことを殿様に申《もう》しあげたんだと。そうしたら、殿様はたまげてなあ。そんじえ《(それで)》、じいさまはなあ、殿様にばかえっぺえの金《(たいへんたくさんの金)》をもらって、家さ帰ってきたんだと。

それから毎日毎日、むすめは、その羽衣を一反《いったん》ずつ織ってたんだと。そんじえ、じいさまはなあ、毎日毎日、殿様んとこさそれを持っていって、小判《こばん》をばかえっぺえもらってきたんだと。

そのうちになあ、伝八じいさまは、むすめがたいした布を織るもんだから、

「おれの機を織る姿《すがた》を見てもらえたくねえ。」

とって、そう言ったんだがと、思ってはみたが、どうしても、布を織っとこを見たくてしょうがなくなったんだと。そんじえなあ、じいさまは、とうとうがまんしらんにゃくなって、機を織っとこさ、のぞき見に行ったんだと。

そうしたらなあ、まっ白なツルがさかさになって、自分の羽《はね》の毛をひっこぬいてはトンカラリン、また、羽をひっこぬいてはトンカラリンって、自分の羽で機を織っていたんだと。

「へええ、これは、ツルの化《ば》けもんだあ。」

って、伝八じいさまがたまげて大声あげたんだと。

ツルは、伝八じいさまに機を織っとこ見らっちゃもんだから、たまげてなあ、悲しそうな声で一声鳴くと、どっかへ飛んでいってしまったと。

そんじえ、この話は、いっちょうさけた。

話　者・安藤　紫香
再　話・新国　則夫
さし絵・鈴木　隆一

鳥《とり》好《ず》きじいさん

むかあし、鳥《とり》の好《す》きなじいさまがあったと。

あるとき、じいさまは、山さ行って木こりしてたんだと。お昼になって腹《はら》へったので、にに《(にぎ》りめし《りめし)》食べてっと、シジュウカラが来て、いっしょに食べたがんだと。そこで手さ乗せて、いっしょになっておまんま食べたんだと。シジュウカラは慣《な》れっつまって、そんなこと毎日続《つづ》いたと。

ところがある日、いつものようにいっしょにおまんま食べてっと、じいさまは、まちがってシジュウカラ飲んじまったと。

「はあて、これ、おまんまといっしょに飲んじまった。たいへんなことしてしまった。出るよ《(出ること》なかんべな《できないんだろうな)》。なんとしたらよかんべな。」

と言って、考えこんでしまったと。

うっつ《(家に)》ぁけえって《(帰って)》、あれこれ考えてっと、へそがむずむずけえくなって《(かゆくなって)》きたんだと。なんだべなと思って見たれば、へそさ羽《はね》おえて《(はえて)》きたんだと。

「はあて、へそさ羽おえた。どうしたことだべえ。」

と言って、引っぱってみたと。そうすたら、

「ツンツン、カラカラ、ヒューヒューッ。

ツンツン、カラカラ、ヒューヒューッ。」

と鳴き声が聞こえてきたんだと、

「これはおもしぇ《(おもしろい)》鳴き声だ。おらあ、見世物《みせもの》小屋さ行ってくんべ。みんなさ聞かせてやんべ。子めら《(子どもたち)》も喜《よろこ》ぶべし、大人《おとな》だってこれ引っぱっと鳴くんだから、喜ぶべ。」

と思ったんだと。

次の日、朝げはやく、じいさまは見世物小屋さ出かけていったと。そして、

「おれは、へそさ羽おえています。まあ、引っぱってみてください。」

と言って、子めらに引っぱらせたと。すると、やっぱし、

「ツンツン、カラカラ、ヒューヒューッ。

ツンツン、カラカラ、ヒューヒューッ。」

と鳴くんだと。

「いいや、おもしれえ。」

って、ちっちぇ子めらが、次から次と引っぱったと。じいさまは、

「お金なんていらねえ。ここざし《(気持ちだけで)》でいい。」

と言っても、みんな、なんぼなんぼ《(いくら いくら)》あげんべって、お金あげたんだと。そうすっと、大人《おとな》たちも聞きつけて集まってきたと。そして、羽《はね》引っぱってみっと、やっぱおんなず《(同じく)》く鳴くので、じいさまは、お金いっぺえもらっちまったと。

じいさまは、うっつぁけえって、お金いっぺもらってきたこと、ばあさまさ教えたと。それ聞いて、ばあさまも喜《よろこ》んだと。

したれば《(そうしていると)》、となりのじいさまが、

「火なくなったから、火くっちく《(ください)》なんしょ。」

と、じゅうのう（炭火《すみび》を入れてはこぶどうぐ）持ってきたんだと。

「火なの《(火なんか)》持ってかせ、おらじいでは《(わたしの家では)》、いつも火などなくさねだから。」

と言ったんだと。となりのじいさまは、火拾《ひろ》いながらひょいと横見て、じいさまのもらってきたお金いっぺえ、見っつまったと。そして、

「なんでえ《(どうして)》、おめえ、そんなにお金いっぺえ持ってんだ。」

と聞いたんだと。

そこで、じいさまは、山でシジュウカラ飲んじまったことだの、見世物小屋のことだの、話して聞かせたと。

「おらあ、なんぼくんつぇ《(いくらください)》なんて言わねかったんだ。向こうでくださるものを、もらってきたんだ。」

と教えてあげたと。

となりのじいさまは、それ聞いて、おらもまねすんべと思ったと。そして、次の朝げはやく、弁当《べんとう》もって山さ行ったと。すると、やっぱ、シジュウカラが来たと。んじゃげんじょも《(けれども)》、まん《(ごは》

まなの《んなど)》なんぼもくんにで《(いくらもあげないで)》、わが《(自分が)》食っつまって、それでシジュウカラも飲《の》んじまったと。

うっつあけえって《(家に)》へそ見たれば、やっぱ羽《はね》おえて《(はえて)》きたんだと。となりのじいさま喜《よろこ》んじまって、

「見世物《みせもの》小屋さ行ってくんべえ。金もらえんなら、とてもまねしねでは《(しないでは)》いらんにもな。」

と言って、飛《と》んでいったと。そして、

「おれ、へそさ羽おえてっから、引っぱってみっせ。」

と、でっけえ《(大きい)》声出して言ったんだと。そしたら、みんな、

「こねえだの人とおんなじ人かな。にせものでねえべな。」

と言ったんだと。そこで、ちっちぇ子めら《(子どもたち)》が引っぱったと。だども《(けれども)》、

「ずうーっ。ずうーっ。」

と、一っつも鳴かねだと。大人《おとな》が何人引っぱったって、一っつも鳴かねだと。音《ね》も出さねんだから、だれもおもしろくねえべえ。金など、だあれもくんにかったと。そして、

「おもしゃぐねえ《(おもしろくない)》。」

と、言って、行っつまったと。

人が、銭《ぜに》いっぺえ取ったって、人のまねしてはだめだっていうことだ。

話　者・原　みつお
再　話・鈴木　充正
さし絵・佐々木　八郎

雉《きじ》の子《こ》太《た》郎《ろう》

ざっとむかし、じいさまとばあさまが住んでおったど。じいさまは、山さ行って木《きい》切りをして、くらしておったと。ある日のこと、じいさまが、ずない《大きな》木をぶっ返し《たおした》たら、その木のあなから、鳥が一つ飛《と》び出したので、中をのぞいでみだら、卵《たまご》が一つあるっちゅう《あるということだ》。

「これは、キジの卵かも知んにぇ。」とじいさまは、さっそく家さ帰って、ばあさまにその卵を見せだど。その晩《ばん》、卵がわれで、見る見るうちに、中から「オギャアーッ。」とめんごい《かわいい》男の子が生まれだど。じいさまとばあさまは、子どもがいながったので大喜《よろこ》びしたど。そして、「これは、キジの子だから、名まえを雉《きじ》の子《こ》太《た》郎《ろう》とつけんべ。」どって《ということで》、だいじに育てだっちゅうだ。

雉の子太郎は、どんどん育って、でっかくなったある日、じいさまに言ったど。

「じいさま、じいさま、おら、鬼《おに》たいじに行んから、脇差《わきざし》（かたな）買ってくんつぇ。」

雉の子太郎はいさんで鬼たいじに出かけたど。とちゅう、石切りが石を切っていたど。

「石切り、石切り、鬼たいじに行くべ。」

石切りは喜《よろこ》んでついで来たど。また、しばらく行ったら、岩はがしが、岩をはがしていたど。

「岩はがし、岩はがし、鬼《おに》たいじに行くべ。」

岩はがしも喜んで、道具の金挺子《かなてこ》持ってついで来たど。雉《きじ》の子太郎と石切りと岩はがしが、どんどん山さ登って行ったら、鉄の棒《ぼう》を持ったずない《（大きな）》鬼が出てきて、ずない声で言ったど。

「野郎《やろ》めら、どこさ行くだ。ここを通さね。」

「なに、おれだちは、にしゃ《（おまえ）》のような悪い鬼をたいじに来ただあ。すもうとれ。石切り先とれ。」

石切りはいっしょうけんめいとってみだが、たちまち鬼の鼻《はな》のあなにすいごまっちゃ。つぎの岩はがしも、力いっちぇ《（入れて）》とったが、やっぱり鬼の別《べつ》の鼻のあなにすいごまっちぇしまった。

「今度はおれだ。」さすがに雉の子太郎はきかなくて、鬼をむんずとつかんで、ねじふせてしまったど。鬼はいぎができなぐなって、せずなぐなって《（苦しくなって）》、すいこんだ石切りと岩はがしを鼻から出しっちまった。

「岩はがし、岩はがし、今だ。鬼の金歯《きんば》はがしっちまえ。」

家さ帰ってがら、鬼がらとった金歯をもどに、みんなどながよぐくらしたど。

それがらちゅうもの、キジは、鬼たいじに行ぐようになったど。

ざっとむかし、栄《さか》え申《もう》した。

再話・斎藤　就治
さし絵・鈴木　信光

江戸《えど》のびっきと大阪《おおさか》のびっき

むかし、あったと。

大阪見物《おおさかけんぶつ》に出かけた江戸《えど》のびっき《(カエル)》がなあ、箱根《はこね》八里《はちり》のとうげのてっぺんまでやってきて、

「やっとここまで来たが、これから大阪までは、まだまだ遠いんだべなあ。」

と思いながら、休んでいたと。

そこへ、同じような大きなびっきが、別の方から、ベッタァーリ、ベッタァーリって、やってきたんだと。そうしてなあ、

「ああ、ようやくここまできたか。これから江戸までは、なんぼあんべなあ。まだまだ遠いんだべなあ。」

とって、そう言ったと。

江戸のびっきが、その声を聞いて、あれは、江戸見物に行くびっきだなと思って、そばにいって、話しかけてみただと。そしたら、そのびっきはなあ、

「おれかあ、おれは、大阪《おおさか》生まれだが、江戸《えど》という町は、たいへん広くてりっぱなとこだちゅうので、江戸見物《けんぶつ》をしてみてえと思って、出てきただあ。」

とって言っただと。その話を聞いた江戸のびっきもなあ、大阪見物に出かけてきたことを話しただと。

そんじえ、江戸からきたびっきと大阪からきたびっきはなあ、おたがいのお国じまんを始めただと。いやあ、おらあほうは、人がいっぺえいるんだとか、家がいっぺえあるんだとか、海がすぐそばにあるんだとか、いっしょうけんめえじまんし合ったんだと。おたがいのお国じまんを聞いたびっきたちはなあ、大阪も江戸もにたようなところだなあと思ったんだと。

そんじえは、箱根《はこね》のとうげは、いちばん高いところだっちゅう話だから、ここで立っと《(立つと)》見えるわけだっちゅうことで、二人《ふたり》とも、後ろ足で立ちあがったんだと。

びっきの目っちゅうのはなあ、少し上の方についてるもんだから、立ち上がっと、前の方ではなくて、後ろの方が見えるんだと。

そんじゃから、江戸から来たびっきは、江戸の方を見ながら、

「ああ、大阪が見える、大阪が見える。なあんだ、大阪は、江戸とおんなじだあ。」

って言っただと。大阪から来たびっきもなあ、大阪を見ながら、

「ああ、江戸が見える、江戸が見える。」

って言っただと。そんじえなあ、江戸からきたびっきは、大阪が江戸と同じなら、わざわざ大阪さ行ってみっこともねえと思ってなあ、

「おれは、こっから《(ここから)》帰っぺえ。」

って言っただと。大阪からきたびっきもなあ、

「おれもはあ、こっから帰っぺえ。」

って、そう言っただと。そんじえ、二人とも、

「かえる、かえる。」

って、もときた方へ、ベッタァーリ、ベッタァーリって帰っていっただと。そんじえなあ、それからは、びっきのことを「カエル」というようになったんだと。

こんじえ、この話は、いっちょうさけた。

話　者・安藤　紫香
再　話・新国　則夫
さし絵・力丸　丈夫

カオスどんとサルどん

むかし、あったそうだ。

あっとこに、カオスどん《（カワウソ）》がいたそうだ。

カオスっちゅうのは、魚取りが上手《じょうず》でなあ。

そんじえ、魚をえっぺえ《（いっぱい）》取ってきて、えろり《（いろり）》のそばで、じわあり、じわありあぶって《（やいて）》食《く》っているんだそうだ。

あっときなあ、カオスどんは、いつものように小屋の中で魚をあぶっていたんだと。ぷんぷん、ぷんぷん、魚の焼《や》くにおいがひろがっていってなあ。山ん中に住んでいるサルどんの小屋までとどいたんだと。

「ん、カオスだな、こんないいにおいをさせるのは。」

って、サルどんは、鼻《はな》をぴくぴくさせて考えたんだと。ちょうどそのときは、毎日毎日、雪ばっかり降《ふ》っているもんだから、何日もろくなものを食っていなかったんだと。そんじぇ、サルどんはなあ、

「行ってくんべえ。」

って、ふけえ雪の中を、すぽおり、すぽおりと歩いて、カオスどんの家に出かけていったんだと。

そうすっとなあ、カオスどんは、いろりの回りに、くしさした魚をいっぺえ立てて、じわあり、じわありとあぶっているところだったんだと。それを見たサルどんは、腹《はら》へってるもんだから、食いたくて食いたくてしかたがねえんだと。そんじぇ、

「おはよう。カオスどん、いたかあ。」

って、しらばくっちぇ《(知らぬふりをして)》、大声をあげて入っていったんだと。そんなことはなんにも知らねえカオスどんは、

「ああ、サルどんかあ。よく来たなあ。なんにもねえが、一ぴきかねえか《(食べないか)》。」

って、焼けた魚を出したんだと。そうすっとなあ、サルどんは、喜《よろこ》んで食っちまったんだと。

そうして、また一ぴき、また一ぴきと、カオスどんが朝めしにしっぺえ《(しよう)》と思ってあぶった魚を、かたっぱしからみいんな食っちまったんだと。そうしてなあ、

「今度はおれんとこさ来てけろ《(きてください)》。山には、クリやブドウ、ほしガキなどがたくさんあっから。」

と言って、さっさと山さ帰っていったんだと。カオスどんは、サルどんにみいんな魚を食《く》われっちまったんで、一日じゅう腹《はら》をすかしていたんだと。

次の日のことだったと。その日は大雪でなあ、とても外なんぞ歩かれる日ではなかったんだと。んじゃども《(けれども)》、カオスどんは、サルどんとやくそくしていたもんだから、山さ出かけていくことにしたんだと。雪がばかいっぺえ《(とてもたくさん)》降《ふ》っていたんだか《(いたので)》、カオスどんは、歩くたんびに、すぽん、すぽんと雪の中さのまって《(うずまって)》しまうんだと。んじゃども《(それでも)》、カオスどんは、いっしょうけんめい雪の中を歩いて、やっとのことでサルどんの家にたどりついたと。

サルどんの家は、ちっちぇ《(小さな)》山小屋だったと。

「おはよう、サルどん。おはよう、サルどん。」

ドンドン、ドンドン。カオスどんがいっしょうけんめい声をかけて戸をたたいても、家の中は、しいんとして、なんにも音がしねえんだと。

なんだろうと思ったカオスどんが、障子《しょうじ》の切れめから中をのぞいてみると、サルどんはじいっとうで組みをして、下を見ているんだと。不思議《ふしぎ》に思ったカオスどんは、

「サルどん、サルどん、カオスだぞう。サルどん、サルどん、カオスだぞう。」

って、何度も何度も声をかけてもなあ、だまって下を向いているんだと。そんじぇなあ《(それでなあ)》、カオスどんは、とうとうあきらめて帰っていったんだと。

その次の朝のことだったと。カオスどんが魚をあぶって《(やいて)》いると、サルどんがやってきたんだ

と。そこでなあ、カオスどんが、

「サルどん。にしゃあ《(あなた)》、こうって《(きてくれと)》言うから、きのうは、わざわざ山さ行ったんだぞ。」

って話しだすと、サルどんは、平気な顔をしてなあ、

「ああ、わりかった《(わるかった)》なあ。きんな《(きのう)》は『地《じ》まぶり』と言って、サルの仲間《なかま》は、山の神の命令《めいれい》で、一日じゅう下を向いていねえなんねえ《(いなければならない)》日だったんだ。たとえ、だれがたずねてきても返事をしてはなんねえ日だったんだ。」

って言うんだと。

カオスどんは、変な日だなあとは思ったども《(けれども)》、山の神の言いつけならそむくわけにもいかねえと思ってなあ、また、サルどんに魚を食わせてやったんだと。

「ああ、うまかった。あしたはおらえ《（わたしの家）》さ来てけろ《（ください）》。今度こそごっつぉ《（ごちそう）》しっかんなあ。」

って、魚をみんな食《く》ってしまうと、サルどんは、さっさと山さ帰っていってしまったんだと。

次の日も、またふぶきだったと。んだども《（でも）》、カオスどんは、やくそくだから、サルどんのところさひでえめえあって《（ひどいめにあって）》出かけていったんだと。

「サルどん、おはよう。カオスだぞ。サルどん、おはよう。カオスだぞ。」

って呼《よ》ばったんだと。いくら声をかけても、また、返事をしねえんだと。そうしてなあ、サルどんはなあ、今度は、うで組みをして、じいっと天《てん》じょうをにらんでいるんだと。そんじえなあ、カオスどんも、ほんとうは、おれにクリやほしガキをくれるのがおしいもんだから、うそをこいで《（ついて）》いるんだということに、やっと気がついてなあ。

「もう、サルどんになんかなんにもくんにえがら《（あげない）》。」

って、ごせえやいて《（しゃくにさわって）》、雪の中を転《ころ》び転び帰ってきたあだと。

その次の朝のことだったと。

カオスどんが、取ってきた魚をあぶって《（やいて）》いると、また、サルどんがやってきて、

「カオスどん、カオスどん。きんなは《（きのう）》、悪かったなあ。んじゃども《（だけれども）》、きんなは『天《てん》じょうまぶり』と言ってなあ、上を向いていねえなんねえ日で…………。」

っていっしょうけんめえになって言いわけをしているあんだども《（のだけれども）》、カオスどんは、聞《き》けえねえ《（聞こえない）》ふりをして魚焼《や》きしてんだと。じわあり、じわありと魚が焼けるもんだから、サルどんも気が

もめてきてなあ、

「あっ、カオスどん。魚が焼けだんねえが(やけたのではないか)あ。」

って言うと、カオスどんは、それをぺろりと食べるんだと。

「今度は、こっちが焼けたようだぞ。」

って言うと、カオスどんは、また、それをぺろりと食べるんだと。

こうやって、カオスどんは、かたっぱしからムシャムシャ、ムシャムシャ、一ぴき残《のこ》さず食ってしまったんだと。

サルどんは、カオスどんの魚をあてにして、朝からなんにも食っていなかったもんだから、腹《はら》がぺこぺこだったんだなあ。魚が食いたくて食いたくてしかたがねえもんだから、

「カオスどんは、なんでそんなに魚取りが上手《じょうず》なんだや。」

って聞いてみたんだと。そうすっと(するとと)なあ、カオスどんは、

「魚を取る方法《ほうほう》はなあ。寒い日の夕方、川原《かわら》さ行って、しっぽの先にわらじだの、げんべえ(わらぐつ)だの、なるだけいっぺえ結《むす》びつけておいてなあ、それをしっぽごと、一晩《ひとばん》じゅう水の中さ入れといて、しっぽが動かなくなったら、魚がいっぺえかかってんだから、そんときしっぽを上げてみろ。」

って教えたんだと。

そうしたらば、サルどんは、だまされたとも知らねえで、いいことを聞いたと喜《よろこ》んでなあ、

寒いこおりつくような晩《ばん》に川原《かわら》さ行って、おそわったとおりにして、自分のしっぽを川の水ん中さたらしたんだと。

やがて、夜はしだいにふけてきてなあ。川岸《かわぎし》にぜえ（うすい氷）がはり、それがだんだん厚《あつ》い氷《こおり》になって、サルどんのしっぽをこおらせていったんだと。

「寒いぞ、いたいぞ。んじゃども、魚がいっぺえかかったぞ。」

って、サルどんは、寒いのといたいのを一晩じゅうがまんしていたんだと。

そのうちに、だんだん夜が明けてきてなあ。川には、一面《いちめん》氷がはって、きらきら、きらきらと朝日にかがやいて光っているんだと。サルどんは、

「魚がいっぺえかかったぞ。どっこいしょ。」

と、そう言って、しっぽを引き上げようとしたんだども（けれども）、こおりついて、しっぽがとれねえんだと。おかしいなと思って、もう一度こしを上げてみても、やっぱりしっぽがとれねえんだと。

ところがだあ、そんとき、向こうの方から、村の子どもたちがわあわあ言いながら、川原の方さ来たんだと。サルどんはたまげてなあ。見つかったらたいへんだっちゅうわけで、いっしょうけんめえにげようとしたんだども、しっぽがこおりついているもんだからにげることもできねえんだと。

そのうちになあ、子どもたちもサルどんを見つけたもんだから、

「あっ、サルだ。つかめえろ、つかめえろ。」

って、てんでに棒切《ぼうき》れを持って走ってきたんだと。いやあ、サルどんはたまげっちまってなあ。むちゅうになってとび上がったんだと。そうっとなあ、こおりついているもんだから、プッンと音がして、サルどんのしっぽが切れっちまったんだと。しりの皮《かわ》も、ビリッとむけてしまったんだと。サルどんは、

「いてえっ。」

って、悲鳴《ひめい》をあげて、山の中さにげてってしまっただと。

それで、サルのしっぽはみじけえんだと、おしりもまっ赤《か》なんだと。

こんじえ、いっちょうさけた。

話　者・皆川　文弥
再　話・新国　則夫
さし絵・鈴木　信光

古屋《ふるや》のもり

ざっとむかし。あっとこに《(あるところに)》、じさまとばさまがいたと。

あるばんげ《(ばん)》、たいへんな大雨になったと。じさまとばさまは、とてもさびしくなったもんで、

「じさまあ、こうだ日には、どろぼうだのこね《(来な》べかなし《いだろうか)》。」

って言ったと。するとじさまが言うには、

「いや、どろぼうなんど来たって、なんでもあ《(な》つかせ《いよ)》。おらえ《(おれの家)》は、とられるものなどなんにもねえべ。いちばんおっかねえのは、雨など降《ふ》ってきてよ、屋根っこがぼっこわっちぇっ《(こわれているから)》

から、古屋《ふるや》のむり殿《どの》がいちばんおっかねえなあ。」

ちょうどそのとき、馬屋さどろぼうがへえっ《(入って)》ていたと。そのどろぼうは、馬ごと見こんでやってきたったんだと。そのうち、こんだあ《(今度は)》は、そこさオオカミもその馬ごとねらって、どっからか来たんだと。

ところが、どろぼうよりまだおっかねえ古屋のむり殿ちゅう《(というのは)》は、どだもんだか《(どんなものだか)》よう、これはとてもここさいたらてえへんだ《(たいへんだ)》ちゅうので、どろぼうが、かんげえていたとき、オオカミもそのことば聞いて、

「いやあ、こんじぇ《(これでは)》はとてもたまったもんでねえ。こうだとこさ《(こんなところに)》いらっちゃもんでねえ。」

どって《(といって)》、オオカミはにげっちまったんだと。

ところが、どろぼうはよう、いやあ、こりゃ馬とび出したと思ってなし、そこさ乗っかっち

まっただと。馬ににげらっちゃら《（にげられてしまっては）》たいへんだと思ったんだべなし。そしたら、オオカミがいちもくさんにとび出しっちまってな、もう山ん中のどことなくとんで歩ったんだと。

「たいへんだあ、古屋《ふるや》のむり殿《どの》さ乗られっちまった。」

どってな。

そしたら、こんだあ、どろぼうが、馬にしてはちいっとおかしい、どこでも歩くっつうげんじょ《（ていうけれど）》、こいつは何さ乗っていったんだべと思って、前の方さ手やったんだと。そしたら、耳んとこまで口が割《わ》れてるっちゅうんだ。

いやあ、これはたいへんだあ、古屋のむり殿に乗っちまった。こんじぇは《（これでは）》、どっかさにげなくちゃなんねえと思ったら、ちょうどいいとこさ炭焼《すみや》きのかまがあってなし、そこさとび降《お》りて小さくなってすくんでいたと。

そこさサル殿が来たんだと。ほうして言ったと。

「おい、オオカミ、どうしたっちゅうんだ。そだに息切らして、何しただ。」

そしたらオオカミが、

「なあんだ、サルでねえか、こうだとこさ《（こんなところに）》来て。ここは、おっかねえところだぞ。」

「なんのことだ。そだに青い顔して。」

「いやな、ここさな、古屋のむり殿が入《はい》ったっちゅうだ。」

「なんだあ、その古屋のむり殿ちゅうのは。」

「いやな、じつは百姓家《ひゃくしょうや》のじさまとばさまのとこさ行って、馬を盗《ぬす》んで食うべと思ったらよ、『古屋のむり殿がくっと《くると》たいへんだ。』っちゅう話聞いたもんだから、おれはにげ出してきたんだ。そうしたら、その古屋のむり殿に、おれ乗らっちまってよ、ようやくここさ来て、ふり落としたのよ。そんで、おれはもう息つ《息を》ぎだでらんねえから《つくことができなくなったから》、ここで休んでいたんだ。」

「そうか、ほんでは、古屋のむり殿っちゅうやつを一回見てえもんだな。」

「とても、おれでせえおっかねえだから、にし《おまえ》ではとてもだめだ。やめろ、やめろ。」

「なあに、だいじょうぶだ。ほんでは、おれが入っていってみんべ。おれが『ウアー。』ってさけんだときは、そのつな引いてくなんしょ。あ、そうだ、それから、前の方さ入っていくとあぶねえから、後ろの方から入ってくから。」

こうだ《(このような)》話がまとまって、サル殿《どの》は、後《あと》じゃり《(あとずさり)》して入っていったんだと。

そうしたらよう、中の方で、

「いや、こりゃ、また来たな。」

っていうわけで、オオカミがサル殿とは気づかずに、そのしっぽをおさえて、力いっぱい引っぱったんだと。サル殿は、

「ウアー。いてえー。」

どって、中でさけんでいたと。そりゃ、いっしょうけんめいオオカミが引っぱったんだものなし。そしたら、そのしっぽは、ポツンと、ぬけっちまったんだと。それから、サル殿は、首につなつけて中さ入っていったもんで、顔もむけて赤くなったっちゅうんだ。

それからサルは、しっぽもねえし、顔も赤くなったんだと。

ざっとむかしさけた。

話　者・星　正義
再　話・津田　智
さし絵・槌谷　幸一

雪のあしあと

むかし、山奥《やまおく》の村に平七《へいしち》というばあさまが住んでおったっちど。ばあさまは、もう腰《こし》が曲《ま》がって思うように働《はたら》けなかったんで、えらく貧《まず》しい暮《く》らしをしてたんだと。

ある年のこと、ばあさまの村が水不足《みずぶそく》になって、食《く》い物があまり取れなくなったんだと。こうなっと、次の秋までは芋《いも》や大根《だいこん》を食べて命《いのち》をつないでいくしかねくなった。村のもんは、もう生きた心地《ここち》がしなくなったと。

年も押《お》し迫《せま》った十二月のことだ。一人の坊様《ぼうさま》がこの村に立ち寄《よ》られなさった。坊様は、村のもんに食べ物を無心《むしん》(ねだった)したげんじょも(けれども)、村のもんもわがも満足《まんぞく》に食べらんねえ始末《しまつ》だ。坊様は、

長旅《ながたび》の疲《つか》れとひもじさにほとほと困《こま》っていたっちど《(いたんだと)》。そして、平七《へいしち》ばあさまの家に来て、

「私は、旅の僧《そう》です。長旅の疲れとひもじさとそれにこの寒さにどうすることもできません。どうか一夜の宿《やど》をお願《ねが》いできますまいか。」

と、たのみこんだど。

ばあさまも困り果《は》てたが、坊様《ぼうさま》をあわれに思ってな、

「ようがし《(いいです)》、なんもねえけど、とまらっしゃれ。」

とすすめだっちど。ばあさまの家には、坊様を休《やす》ませる夜具《やぐ》もねえがら、ばあさまはいろりのそばでうとうとしていた。ばあさまは、朝になったら、ひとにぎりのあずきと、正月様《しょうがつさま》を迎《むか》えるためにあるモチ米でかゆを作ってあげんべえと考えたんだと。だげんじょも、おかずになるもんはなんもねがった。それで、ばあさまは降《ふ》りしきる雪の中、坊様に食べさせたい一心《いっしん》で物持ちの庭《にわ》にしのんで、凍《し》みでねえ、白々とした大根《だいこん》を「タテ」※から三、四本取ってきちまったど。雪の上には、その足あとがはっきり残《のこ》ってだ。だげんじょも《(だけれども)》、ばあさまは気がつかないで、ねむっちまったど。

朝になってみっと、新《あたら》しく雪が一尺余《あま》り《(約三十センチ)》積《つ》もっていだっちど《(いたそうだ)》。んだがら、ばあさまの足あとは、きれいに消されっちまった。坊様は、あずきの入ったモチ米のあついかゆをすすって、いろりのわたしの上には、輪切《わぎ》りの大根が湯気《ゆげ》を立てて、あぶらっちぇだど。やがて、坊様は、元気《げんき》になって、雪に清《きよ》めらっちゃ道を歩いていったんだど。

再話・金成　邦寛

さし絵・阿部　正明

注　※タテ＝冬、野菜《やさい》などを保存《ほぞん》するために掘《ほ》ったワラがこいの穴《あな》。

足長《あしなが》手長《てなが》

　むかあし、むかあしのこと、ここの会津《あいづ》に、足長《あしなが》、手長《てなが》というけいぶつ《(かいぶつ)》が住《す》んでたと。

　足長っつうのは《(というのは)》、天さとどくほどほせくて《(細くて)》なげぇい足持ってたと。会津ていら《(平)》ひとまたぎで歩くし、でっけえ《(大きな)》声も出たんだと。なんでも、ばんでい《(磐梯山)》山《さん》のすってんぺ《(ちょうじょう)》と高田町《たかだちょう》の博士山《はかせやま》さまたがって、そけえらじゅうから雲かき集めて、ひれえ《(広い)》会津ていらをまっ暗《くら》にできたんだと。

　手長のほうは、足長とちがって手がものすげえく長くってな、ばんでい山さこしかけて、猪苗《いなわ》代《しろ》の水、手さすくって、会津ていらさざあっとばらまき、大雨降《ふ》らすことができたんだと。

二人《ふたり》は、空をまっ暗くしたり、大雨降らせたりしていたずらばっかり。そんじ《(それで)》喜《よろこ》んでいたと。お百しょうが、やあこれは照《て》ってきたなと喜んでっと、足長はそけえらじゅうから雲あつめてまっ暗にすんべし《(するし)》、手長は猪苗代《いなわしろ》の水をすくってふっとふっかけ、ザーザー雨降らすんだと。

それに手長は手をおっ広《ぴろ》げっと、お天と様はめえなくなんべし、足長が力入れて、息《いき》ふっかけっと、台風《たいふう》みてえに大風がおこって、そこらの木だの、家だの、橋だの、全部ふっとばすんだから、ほんとにおっかね《(おそろし)》かったんだと。

んだから《(だから)》、会津《あいづ》の人はみなびくびくだし、それに米はとんにべし《(とれないし)》、畑のものは育ってないべし、食うもんもなくなって困《こま》っていたと。んじゃげんじょも《(けれども)》、だあれもなじょうも《(どうにも)》できなかったと。

ある日のこと、ぼろぼろの着物きた旅《たび》のおしょうさまが通ったと。おしょうさまは、会津の人がみな青い顔して困ってんの見て、どうしたわけか聞いたんだと。そして、

「わたしが、なんとかその足長、手長をとっつかまえてやるぞ。」

と言ったと。んじゃげんじょも、みんなは、どうせかねい《(かなわない)》っこねえと思っていたから、やめっ《(やめなさい)》せ、やめっせと止めたと。

おしょうさまは、言うこと聞かねで、お経《きょう》となえ、ばんでい山《さん》さ登《のぼ》っていったと。そして、

「おうい、いばりんぼの足長、手長。おめえは、何でもできねえことねえそうだが、ほんとに

そうだか。」

とどなったと。そしたら、頭の上の方から、

「わっはあっはあっはあーっ。」

と、耳ぶっつあける《(さけるほどの)》ほどの笑《わら》い声がしたと。

「なにほざいている《(わめいている)》、くそぼうず。おらあにできねえことなど、一つもねえわ。」

と言ったと。

　そこで、おしょうさまは、

「おう、そうか。んじゃあやってみせてくれろ。ちっとばかむずかしくってもいいのか。」

と言うと、

「くそぼうず、おらあをばかにすんな。さっさと言ったらよかんべ。」

と、いばりくさって言ったと。

「でっけえなりしてっから、ふたんじ《(二人で)》このつぼさ入《はい》らんにべえ。どうだあ。」

と言って、着物の中からちっちゃい《(小さい)》つぼ出して、ふたとったと。そしたら、

「なにぬかすあがって《(言いやがって)》。おらあできたら、おめえをひねり殺《ころ》してやっからなあ。」

と言って、あっという間《ま》にちっちゃくちっちゃくなってつぼさとびこんだと。そしたら、おしょうさまは、とたんにつぼのふたをぐっと力《ちから》出してかぶせ、着物のそでさいて包《つつ》んでしまったと。

「このいたずらもんの足長、手長。もう出らんにぞう。今まで悪いことばっかりやってきたか

らそのばつだ。いつまでも、いつまでもこん中さとじこもってろ。」
と言って、ばんでい山のてっぺんさ穴ほってうめ、でっけえ石をその上さあげ、そして、じゅ文《もん》をとなえたんだと。

足長と手長は、くやしがってつぼの中であばれたげんじょ《(けれども)》、なんぼあばれてもつぼはびくともしねし、外さ出らんにかったと。

足長、手長がいなくなった会津《あいづ》ていら《(平)》は、それからっつうもの、お天と様は明るくさすべし、米もいっぺえとれるようになって、みんなも幸《しあわ》せになっていったと。

おしょうさまは、それ見て満足《まんぞく》して、どこかさ行ってしまわれたと。

話　者・小田切貞子
再　話・鈴木　充正
さし絵・鈴木　隆一

三びきキツネ

むかあし、あるとこさキツネが三びき集まって、近ごろ何《なん》にもうめえもの食べらんにから、何かうめえもの食べる分別《ふんべつ》(そうだん)すんべということで相談《そうだん》はじめたと。

正月も近くなったので話もはずんでな。

「おめえ、何に化《ば》けられる。」

「おらあ、人に化けられる。おめえは。」

「おらあは、馬に化けられる。」

「ああ、そんじゃたいへんいいあんべえ(つごうがいい)だ。お金持ち様んとこさ行って、馬売ってお金もらって、そんじ(それで)ごっつぉ(ごちそう)買ったらよかんべえ。」

ということになったと。

さっそく、一ぴきは人に化《ば》けたと。化け方がうまくって、たいへんりっぱないい男《おとこ》にできたんだと。それからまあ、一ぴきのほうは馬に化けたんだが、これまたたいした馬に化けたんだと。こんなら、お金持ち様んとこさ行って、お金もられる《(もらわれる)》と言って喜《よろこ》んだと。そして、お金持ち様んとこさ出かけたと。そうしたら、だんな様が出てらっしゃったと。

「おらあ、とてもいい馬持ってきた。おめえのうちで買ってもらわんにかと思って持ってきた。」

ってずった《(言った)》と。そしたら、だんな様は、

「ああ、そうかあ。おらあ、馬好《す》きだから、馬なの《(など)》いくつあったっていいだ。いい馬ならおらあが買うべえ。」

と言ったんだと。そして、見たれば、ほんといい馬だ。今は、ちいっちぇ《(小さいけれども)》げんじょ、とてもいい馬だと思ったと。だんな様、気に入っちまってな、

「そんじゃあ、この馬買いましょ。」

と言ったんだと。そこで、まあ、買ってくなんしょ《(くださいという)》つうわけえになったんだと。

「ほんじゃ、これだけで馬売ってくなんしょ。」

「あい、よかんべえ。」

そこで、だんな様からちゃあんとお金もらってけえっていったと。

だんな様は、まだちっちぇ馬だから、うめえものくれて、早くでっかくしたかったと。ほん

とはキツネだからそうずねえ《(そんなに大きな)》馬できなかったわけだ。草いっぺ、馬の口んとこさ、おっつけるようにして、うちさへえっていったと。そのうち《(家)》は、また外馬屋《そとうまや》でな。だんな様は、うちのもんと、いい馬買ってよかったなと喜んで、休んでしまったと。馬は、キツネだから草など食わねえべ。こんなときにげたほういいと思って、きょろきょろっとあたりを見回して、にげてしまったと。

　あした《(次の日の朝)》になって、だんな様は、

「ああ、きんな《(きのう)》いい馬買ってよかったな。」

と喜んで、見さ来たと。ところが、草も食ってないし、馬もいねえ。

「はてな、これ、馬ににげられっちまったかな。こだに《(こんなに)》さく作ってあんだから、にげよねえんだげ《(にげられないはずなのに)》んじょ。盗《ぬす》まっちまったんでもねえべすな。そげらに《(そのへんに)》いたかしんに。さがしてみんべ。」

ということで、いっしょうけんめいさがすたんだと。んでも《(でも)》、なんぼさがすたって、出てこなかったと。ほんとはキツネだもんな、はじめの計画《けいかく》どおり、二ひき待ち合わせして、にげっつまったわけだ。だんな様は、そんなことわかんねえで、いい馬にげらっちくやしかったと。

　キツネたちは、銭《ぜに》いっぺもらって、うまくいったと喜んだと。銭さえあれば、うまいもん食われんのでな。それからキツネたち、ごっつぉ食っていい正月できたそうだ。

話　者・原　みつお
再　話・鈴木　充正
さし絵・佐々木八郎

雪のふりはじめ

むかしあったど。むかし、このあたりは冬になっても雪がふんねがったど。

ある年の冬のはじめころ、殿《との》さまがらの急ぎの使いがおやがっつぁま(しょうやさま)の家さ来てこんなごど言ったど。

「実は、あした、殿さまがこの街道《かいどう》の村むらを見回ることになった。お通りになる道すじはもちろんのこと、村じゅうすみからすみまでちり一つないようにしておけ。見苦しい物がお目にとまることのないようにくれぐれも気をつけるように。」

さあて、おやがっつぁまは困《こま》っちまった。これから村じゅうみんなしてそうじしても間に合いっこねえ。それに今は一年でいちばんいそがしいとり入れ時だ。しかも、この殿さまはたいへん気むずがしい方で、これまでにも殿さまの気げんをそごねでひどい目に合わされた者がたくさんいる。

おやがっつぁまの知らせを聞いて村じゅうは、はちのすをつっついたようなさわぎになった。

おやがっつぁまの家では村の年寄《としより》が集まって、なじょすっか《(どうするか)》相談《そうだん》がはじまったげんじょ《(けれども)》いい考えがうかばねえ。村の中でも、あっちの家さ二、三人、こっちの家さ五、六人と集まって仕事になんねがったど。

そこさ、越後《えちご》の方がら念仏《ねんぶつ》あんぎゃの坊《ぼう》さまが来たんだど。村の人は、坊さまならいい考えがあっかもしんにぇと思って、おやがっつぁまの家さつれでいったど。

坊《ぼう》さまは、村の人から話を聞くと、しばらぐ考えでがらこう言ったど。
「それはおこまりでしょう。わしがおがんで、一晩《ひとばん》のうちに雪というもので村じゅうをきれいにしてあげるから、急いで帰ってとり入れをすませてしまいなさい。」

村の人は、何のごどがわがんねがったげんじ《（わからなかったけれども）》ょも、坊さまの言うとおりにしたんだど。

とり入れがすんで日がくれると、急に寒くなってきたもんだがら、村の人は、ばんめしを食うどすぐにねっちまったど。

夜が明けて外に出て、村の人は「あっ」とたまげでしまったど。あたり一面まっ白で、きのうまでごみごみしていた道も畑もきれいになっていたんだど。

こんどぎがら会津《あいづ》には雪がふるようになって、大雪の年ほど米がよくとれるようになったんだど。

再話・星　弘明
さし絵・岡部　文雄

浜通りのむかし話

人魚《にんぎょ》の恩《おん》返し

むかし、浜吉《はまきち》ってえわけえ漁師《りょうし》がいたんだと。ほんで《(それで)》、いっつも、一人《ひとり》で船さ乗って漁《りょう》に出かけたんだと。

ある日、いつのめにか《(いつのまにか)》、まだ来たこともねえ海さ出てきたんだと。

ほかあの船は一っつも見あたんねえし、海はどこまでも続《つづ》いてっぺし、魚もまるっきりとん《(とれ》にえ《ねえ)》かったんだと。ほんでも、

「この辺《へん》であみはってみっか。」

って、ぽんとあみを投げたんだと。ほしたら、間もねえく、手ごてえがあったんだと。ほんで、

「うめいことになったぞ、こだらに《(こんなに)》重くては、大漁《たいりょう》だべ。」

って、うんと喜《よろこ》んだだと。ほして《(そして)》、あみを引き上げてみたんだと。ほしたらば、ほこには、美《うつく》しい人魚《にんぎょ》がいたんだと。浜吉《はまきち》は、今まで聞いたことはあったげっちょも《(あったけれども)》、見たことはねえかったので、ぶったまげたんだと。ほんで、

「なんだべ、こんだらもんは《(こんなものは)》。」

って、言《い》ったんだと。ほんでも、ほの人魚は、つかれたかっこうしていたし、かわいそうだもんだから、

「心配しねくてもいいだぞ、おらが助けてやっからな。そんだげんちょも、つかれてっぺから
ちっと休んだらいいべ。」

って休ませてやったんだと。ほんで、

「こんなとこさ、来るんでねえだど。ほけえの《(ほかの)》やつらにつかまっちまうかんな。」

って言って、人魚を海さ放《はな》してやったんだと。ほしたら、人魚はじきに海さもぐっていってしまったんだと。

それから、なんぼかたってから、大しけ《(あらし)》の日だったけんども、

「ごめんくだせい。」

って、浜吉の家さ来た人がいただと。戸をあけてみっと、美しくて、わけえ《(若い)》女が立っていただと。ほして、

「おらあ、道に迷《まよ》ってしまったげんちょも《(けれども)》、今晩《こんばん》とめてくんちぇ《(ください)》。」

って言ったたと。

ほうして、次の日になってから、浜吉が海さ行くべと思っていたら、きんにょ《(きのう)》の女の人が、

「みさきの左さ二十尋《ひろ》(約《やく》三十六メートル)行ったどこさあみはっと、魚がいっぺいとれっから。」

って言ったんだと。ほんじえ《(それで)》、浜吉は、ほの女のことば信《しん》じて、

「このあたりだべえかな。どれあみぶってみっか《(かけてみようか)》。」

って、あみぶってみたんだと。ほしたら、すげえ手ごてえがあって、間もねえく、船いっぺい
魚とって帰ってきたたと。

ほして、あの女はもう帰ったんだべと思って家に来てみたら、女は、家ん中でまめに働《はたら》いていたんだと。ほして、次の日もまた、

「みさきの右さ三十尋《ひろ》（約《やく》五十四メートル）先に行ってあみはっと、めずらしい魚がとれっから。」

って言ったんだと。ほして、ほれは、ほんとうのことだったんだと。ほんで、浜吉《はまきち》は、めずらしい魚を船いっぺいとって帰り、大もうけしたんだと。

ほうして、浜吉は、ほの女と夫婦《ふうふ》になって、村のあみ主《ぬし》よっかも金持ちになったんだと。

（その）　（よりも）

ほうしたら、村の人ら、

「浜吉んとこのあみはじょうぶでこわれねえんだと。」

って言ったり、

「あの女は、どっから来たんだっぺ。」

（だろう）

って言ったりしてたんだと。

ほして、浜吉が酒《さけ》のんだとき、村の人が、

「おめえ、どんなことして、あの女を女ぼう《にょう》にしたあ。」

ってなんぼ聞いても、浜吉は答えねえかったと。ほして浜吉は、

「おらのよめは、たいしたよめさまだ。」

って、ひとり言《ごと》言っていたと。

ほんでも、村の人ら、

「おめえの女ぼうはただもんでねえぞ。もしかすっと、竜宮《りゅうぐう》から来たんでねえか。」

って言っただと。ほしたら、浜吉は、

「とんでもねえ、ただの旅《たび》のもんだぞ。」

って言ったんだと。ほんでも《（それでも）》、浜吉は、ちっとずつ女ぼうのことが気になりだしたもんだけんども、

「あんな美しい女ぼうは、この世の中にはいねえなあ。近くに行くと何とも言えねえ《（言えない）》においがするべし、はだはつるつるしてっぺし、魚のとれる場所は知っていっぺし、おれにはよすぎる女ぼうだ。」

って考えて、家に帰ってきただと。ほしたら、女ぼうの姿《すがた》が見えねえかったんだと。耳をすましてみたら、ピチャピチャッてふろに入っている音がしたんだと。ほこで浜吉は、女ぼうが、

「おらがふろに入ってっとこ、ぜったい見んねでくれろ。」

って言ってたこと思い出したんだげんちょも、見んな《(見るな)》あと言われっと《(言われると)》よけい見たくなるもんで、湯殿《ゆどの》さ入っている女《にょう》ぼうを見てしまったんだと。ほしたら、ふろさ入っていた女ぼうは、人魚《にんぎょ》だったんだと。

ほしたら、急に大しけ《(あらし)》になってしまったんだと。ほして、女ぼうは、口もきかねえで大しけの海の方さ行ってしまったと。浜吉《はまきち》は、

「帰ってこう。帰ってこう。おれが悪かっただあ。帰ってこう。」

って言っても、女ぼうは帰ってこなかっただと。

しけもやんだけんども、次の日も、その次の日も帰ってこねかっただと。

話　者・片平　幸三
再　話・酒井　哲
さし絵・力丸　丈夫

ヘビむこ入り

むかし、めんこい《(かわいい)》むすめがいて、毎日機《はた》を織《お》っていたんだと。

夜になっと、だれかとペチャペチャ話をしているんだと。おかしいなあと思って、むすめのおっかあ《(母親)》が、

「だれとしゃべくっているんだ。」

って聞いたんだと。ほうすっと《(そうすると)》、

「だれだか知んねえげんちょ《(けれども)》も、りっぱな羽織《はおり》、はかまをはいた侍《さむらい》が来て、しゃべっていくんだ。」

って言うんだと。

ほんで、次の日になっと、おっかあがかげから

のぞいて見たんだと。ほうすっと、でっけえヘビが機《はた》ざおに首をかけていたんだと。ヘビがべろをぺろっぺろっと出すのに合わせて、むすめがしゃべっているんだと。

次の日、おっかあがむすめに、

「なんだ。毎晩《まいばん》来ていんのか。」

って聞いたら、

「うんだあ。」

おっかあは、おっかねえのとめんげえのとで、むすめのために、はかりごとを考えてやっただと。

「ほんでは、侍《さむらい》のはかまのすそを、(かわいい)長い糸をつけた針《はり》で三針ぬってやれ。」

って教えてやっただと。

ほうして、次の朝、おっかあがその糸をたどっていくと、山の大きなエノキのゴーラ(ほらあな)の前までつながっていたと。おっかあがしずかに聞いてみっと、ゴーラの中から、

「痛《いた》い………、苦《くる》しい………。」

って、ヘビのうめき声が聞こえるんだと。ほして、ほのわきで、ヘビの親が、

「おまえは、人間を迷《まよ》わせたから、その罰《ばつ》を受けたんだべ。針は体《からだ》をめぐって頭に上《のぼ》り、おまえは死ぬほかねえぞ。ばかなことをしたもんだ。」

って責《せ》めていたと。ほうすっとヘビは、

「むすめはまもねえくおれの子を産《う》むが、何も知らねえから、お産《さん》とき死んでしまうべ。」

って、泣《な》き泣き悲《かな》しんでいるんだと。

ほうしたら、親ヘビが、

「人間はりこうだから、五月節句《せっく》のショウブとヨモギをせんじて飲《の》めば、ヘビの子は死んで人間が助かることぐれえ知ってっぺ。」

ってなだめていたと。

ほれを立ち聞きしていたむすめのおっかあは、びっくりして、おっかなくなって（おそろしくなって）、気もんで家さ帰ってから、むすめに言っただと。ほんで、おっかあは、ショウブとヨモギをせんじて飲ませながら、お産をさせたんだと。ヘビの子は何びきも生まれたげんちょも（けれども）、ぜんぶ死んでしまったんだと。ほんで、むすめは無事《ぶじ》だったんだと。

ほんとき、庭の大きな木の枝《えだ》に、大ヘビがとぐろをまいて、それを見下ろしていたんだと。

話　者・八島　詮
再　話・酒井　哲
さし絵・鈴木　信光

わらしび長者《ちょうじゃ》

むかし、ある村さ、すごうくびんぼうだげん《(けれ》ちょ《ども)》も、信心《しんじん》の厚《あつ》いわけえ《(わかい)》もんがいたんだと。毎日、お寺さお参《まい》りに行くことを日課《にっか》にしてたんだと。

ある日のこと、お寺の帰り道にいっつもの野っ原にさしかかったとき、石にけっつまずいてころんだんだと。ほんとき、ちょうどに道さ落ちていた一本のわらを何気なくつかんだと。ほんでわけえもんは、

「せっかくにぎったんだ、これも仏様《ほとけさま》からさずかったもんだべ。捨《す》ててはなるめえ。」

って、持ったまま歩いていったんだと。ほうすっと、一ぴきのハエがうるさく顔さまつわりついてきたんだと。ほんで、あんまりうるせえので、ほの《(その)》ハエをつかまえてほのわらでしばったんだと。ほんじゃもんだから、ハエは、ブンブンうるさくないて飛《と》び回ったんだと。

ほうして、ちっと歩いていったら、長者《ちょうじゃ》のむすめの行列《ぎょうれつ》が向こうからやってきたんだと。わけえ者は、ほのわらさハエをしばったまま持っていたんだと。ほうしたら、長者のむすめが、

「あの男が持っているわらがほしい。」

って、何回も言ったんだと。ほんで、このわけえもんはくれてやったんだと。ほうしたら、むすめの親たちが、お礼《れい》にって、二つの大きなくだものをよこしたんだと。

ほうして、またちっと歩いていくと、山のふもとで、一人《ひとり》の男が苦《くる》しそうになっていたんだと。わけえもんは、気の毒《どく》がって、さっきもらったくだものをくれてやったんだと。ほうしたら、ほの男が元気になったんだと。ほの男は、長者の家のものだったんだと。

ほんで、ほの男が、長者にこのわけえ男のこと話したんだと。ほうしたら、長者は、

「えれえわけえもんだ。おれのむすめのむこにしっぺ《(しょう)》。」

って言ったんだと。ほうして、このわけえもんは、長者のむすめんとこさむこに入《はい》り、ずうっと幸《しあわ》せにくらしたんだと。

わけえもんは、わらしびがもとで長者のむこになったんで、わらしび長者と言われたと。

再話・酒井　哲

さし絵・槌谷　幸一

サル地《じ》蔵《ぞう》

むかし、あるところさ、お人よしのじいさまが百《ひゃく》しょうしていたんだと。いつも、せっせとよく働《はたら》くじいさまだったと。

ある日、ばあさまが、働いてるじいさまのために、弁当《べんとう》のほかに、まんじゅうも作って持たせたんだと。じいさまは、そいつを木の枝《えだ》にゆいつけて《(ゆわえつけて)》、山畑で働いていっと、そこさ、サルの群《む》れがやってきたんだと。ほして、じいさまの弁当を見つけて、食い始めたんだと。そのありさまがめんこくて《(かわいくて)》おもしれえので、じいさまは、地蔵《じぞう》さんに化《ば》けてそこんところさ立ってい

たんだと。サルたちは、ごちそうにありつけたのは、この地蔵のおかげだと思って、

「ありがたや、ありがたや。」

って、手をつないで、じいさまの地蔵さんをその上さ乗せ、

「おサルのおへそはぬらすとも、地蔵のおへそはぬらすなよ。」

って、エンヤ、エンヤと川をわたっていったと。

ほうして、自分らの庭に地蔵さんをすえっと(おくと)、あっちこっちから運んできた宝物《たからもの》や金貨《きんか》を供《そな》えて、一晩《ひとばん》じゅう、おどりさわいでいたんだと。よっぴで(夜じゅう)さわいでから、サルらはつかれたもんでねてしまったんだと。

ほんで、じいさまは、供え物の金《きん》や宝《たから》をそっくりふくろに入《い》っちぇ(入れて)持ち帰ったんだと。

家に帰って、ばあさまと宝物をかざったり数えたりしていたら、となりの欲《よく》ばりじいさまが来て、根ほり葉ほり聞くんだと。

ほんで、じいさまは、こんなことがあったと話して聞かせたんだと。ほしたら、欲ばりじいさまは、これはしめたと思って、さっそくそのとおりにまねごとしたんだと。

ほうすっと(そうすると)、やっぱし、サルたちが集まってきて、欲ばりじいさまの弁当を見つけて食べ始めたんだと。ほんで、欲ばりじいさまは、地蔵さんに化け、そこさつっ立っていたら、サルたちが、

「ありがたや、ありがたや。」

って、手つないで、

「おサルのおへそはぬらすとも、地蔵《じぞう》のおへそはぬらすなよ。」

って、地蔵さんを乗せ、エンヤ、エンヤと川をわたって連《つ》れていって、宝物《たからもの》を前と同じように供《そな》えたんだと。

ほんでも、欲《よく》ばりじさまは、早く宝物を手に取ってみたくてしかたがなくて、ついうっかり手を出してしまったんだと。

ほしたら、サルたちは、これは前の地蔵さんとちがうぞって気がついて、みんなでかつぎかえして、どんぶとばかり川の中に投げ入れてしまったんだと。

ほんで、欲ばりじいさまはずぶぬれになって、大あわてでにげ帰ってきたんだとさ。

話　者・八島　詮
再　話・酒井　哲
さし絵・佐藤　悳

地《じ》蔵《ぞう》様《さま》とダンゴ

むかし、むかし。あっとこ《（あるところ）》に、物を大事にするじっち《（おじいさん）》がいたと。

秋の取り入れもすんだころ、じっちが庭をはいていたら、米つぶが少し集まったと。じっちは、ひとつぶでももってねえ《（もったいない）》と思って、そんじぇ《（それで）》ダンゴを作ったんだと。そのダンゴを仏様《ほとけさま》さあげっぺ《（あげよう）》と思って、さらの上さのっけて運ぼうとしたら、ダンゴがころころころげだしたんだと。じっちは、おやおやと思って、

「こら、こら、ダンゴ。どこまで行くんだ。待ってろ。」

と追《お》いかけたと。そすっと、ダンゴは、

「おら、地蔵様《じぞうさま》まで行くぞ。」

と、ころころころげていったと。ダンゴがあまり早くころげていったので、じっちはとちゅうで見失《みうしな》ったと。そんじも（それでも）、じっちは、はあはあ息《いき》をはずませながら、地蔵様の所まで追いかけていったと。そんじも、地蔵様の前には何もなかったんだと。そこで、じっちが地蔵様に、と聞くと、

「地蔵様、今、ここさダンゴころげてこねかったたか。」

「あんまりんまそう（うまそう）だったんで、おらが食っちゃった。」

と言ったと。そして、

「そのかわり、いいこと教えっかんな。」

と言って、

「いいか。夜になっと、おれの倉《くら》さ鬼《おに》どもが集まってばくちうつんだ。そこで、鬼どもがばくちを始めたらば、天じょうのふしめどから、へをたれ、次にしょんべんたれろ。そすっと、鬼どもは、かみなり様だ、雨だと思ってにげていくかんな。」

そこで、じっちは、さっそく地蔵様に教えてもらったとおり、天じょうにかくっちぇ（かくれて）夜が来んのを待っていたと。

そのうち暗《くら》くなっと、鬼どもがワイワイ言いながらやってきては、ばくちを始めたと。

じっちは、鬼どもが来るまではと思って、たれてえへをがまんしていたが、とうとうがまんできなくなって、ふしめどさけつをおっつけっと、思いきり、

「ブーッ。」

とやったと。そして、続《つづ》けてしょんべんもたれっと、下でばくちをやってた鬼どもは、

「ワーッ、かみなり様だ。雨だ、大雨だ。」

と、あわててにげていったと。じっちは、下さ降《お》りていって、鬼どもが置《お》いていった金を拾《ひろ》い集めて、家さ帰っていったと。

次の日、じっちは、ゆんべの金はぜんぶでなんぼあっかなあと思って数えていたと。

そすっと《(そうすると)》、そこさ、となりの欲《よく》ばりばっぱ《(ばあさん)》がやってきたと。じっちからわけを聞くと、自分もほしくなって、さっそくじっちのまねをすっことにしたと。ばっぱは、家さ帰っていくと、ほうきで庭をはいてみたが、米つぶは集まんねえで、砂《すな》ばっかし集まったと。そんで、ばっぱはその砂を集めてダンゴを作り、仏様《ほとけさま》さあげっぺと思ったらば、やっぱしころげて、地蔵様《じぞうさま》のところまで行ったと。ばっぱは、ダンゴのあとを追《お》いかけていって、地蔵様に、

「今、ダンゴころげてこねかったか《(こなかったか)》。」

と聞いたと。そうすっと、地蔵様は、

「んまく《(うまく)》なかったけど、食った。」

と言って、じっちに教えたことと同じことを教えたと。ばっぱは、教えらっちゃとおり、天じょうさかくっちぇ《(かくれて)》じっちと同じようにやったと。んだげんちょも《(けれども)》、鬼どものにげるかっこうがあまりにおもっしぇかった《(おもしろかった)》ので、思わず、大声で笑《わら》ってしまったんだと。鬼どもは、それを聞いて、倉《くら》まで引き返してきて、天じょうさかくっちぇたばっぱをつかまえてしまったんだと。

そして、鬼どもは、

「ゆんべのやつも、おめえだな。」

と言って、ばっぱをさんざんたたいたんだと。

再話・佐藤　正躬

さし絵・鈴木　隆一

食《く》わず女《にょう》ぼう

むかし、けちんぼな男がいたんだと。ほんで、まんま食《く》わねえ女《にょう》ぼうをさがしたんだと。女ぼうは、何人《なんにん》か来てくれたげんちょ《(けれども)》も、全部からだが続《つづ》かなくて出ていったんだと。ほんでも、まだ、来てくれた女ぼうがいたんだと。ほの女ぼうは、

「まんま食わねえからよめにしてけろ。」

って言ってきたんだと。よめはやくそくしたとおり、まんまを食わなかったんだと。ほんでも、仕事はあたりめえにしたんだと。ほんで、さすがのけちんぼ男も、変《へん》だと思うようになったたん

だと。

ほんなあるとき、となりの女《にょう》ぼうが、お勝手《かって》をのぞいてみっと、ほの女ぼうは何も知んねえで、でっかいなべさいっぱいのまんまをにていたんだと。おやって思っているうちに、いっしょけんめいにてはにぎり、にてはにぎりして、片《かた》っぱしからおにぎりを平《たい》らげているんだと。ほれも、かみの毛《け》を二つに分けて、ほこさ、まんまをなんぼでも入れては食《く》ってんだと。

となりの女ぼうは、こしぬかすほどびっくりして、このことをけちんぼ男に聞かせたんだと。

ほしたら、このけちんぼ男もびっくりして、確《たし》かめることにしたんだと。

ほんで、きょうは、山へ行ったふりして、おけの中さ入って様子《ようす》をうかがっていたんだと。

ほしたら、なるほどとなりの女ぼうの言うとおりだったんだと。ほんで、男はいきなり、

「何食ってんだ。」

って、どなったんだと。ほうしたらよめは、とうとうばれたかと度胸《どきょう》きめて、

「何もかもあるもんか、おめえも食ってやる。」

って、男をおけの中につっこんで、おけごとかついで山の方さ走って出ていったんだと。

ほのとちゅうで、大きな木の下を通っとき、男は下がっていた枝《えだ》さつかまって、木の上にかくれたんだと。ほんで、ほの女は、山道を登《のぼ》ったり下《くだ》ったりして、おっかねえ顔でさがしていたげんちょも(けれども)、とうとうあきらめてぬまの方さ下っていったんだと。ほうして、ぬまん中に入って姿《すがた》をかくしてしまって、もう出てこなかったと。ほの女は、山うばだったと。

男がかくれていた木のまわりには、菖蒲《しょうぶ》や蓬《よもぎ》がはえていたんだと。山うばは菖蒲や蓬がきらいなもんだから、男の木のそばに来なかったんだと。男は、ほんでやっと助かったんだと。ほの日は五月五日だったと。

ほんで、五月の節句《せっく》のときには、菖蒲《しょうぶ》と蓬《よもぎ》をのきにさして、魔除《まよ》けにするんだということだと。

話　者・八島　詮
再　話・酒井　哲
さし絵・佐久間　敬

三枚《まい》のお札《ふだ》

むかしむかしな、あるちっちゃな山寺に、おしょうと小ぞうがふたんじぇ《(ふたりで)》くらしていたんだと。彼岸《ひがん》が近づいたある日、小ぞうは、仏様《ほとけさま》にあげる花を取りに山さ行くことになったと。すると、おしょうは、

「山でもしものことがあったら使えよ。」

って、三枚《まい》のお札《ふだ》をくっちゃ《(くれた)》んだと。

小ぞうは、花もうんと取っちゃので帰ろうとしたんだと。んだけども、あんまり山おくさ入りすぎたもんで、道がわかんなくなっちゃったんだと。あっちこっちさがし続《つづ》けているうちに

日もくれてきて、あてどもなく《めあてもなく》歩き続けていっと、遠くの方に明かりが一つ見えたんだと。小ぞうが急いで行ってみっと、そこにはちっちゃな小屋が一けんあったんだと。小ぞうは、

「山さ花取りにきて道に迷《まよ》っちゃったんだけんど、今晩《ばん》ひと晩とめてくんにぇかい。」

ってたのむと、中にいた年とったばっぱ《おばあさん》が、

「ほんじゃ、困《こま》ったべ。」

って、快《こころよ》くとめてくっちゃと。中に入ってばっぱの顔をよくみた小ぞうは、背中《せなか》がぞくぞくってしたんだと。針金《はりがね》のようなしらがとしわだらけの顔で、目だけが赤かったんだと。

　夜中に小ぞうがふと目をさますと、台所《だいどころ》でばっぱが顔をにやにやさせながらでばぼいちょう《でばぼうちょう》をといでいたんだと。小ぞうはおっかなぐなってふとんの中でふるえてっと、ばっぱに気づかれてしまったんだと。ほんで、小ぞうが、

「ちょうず《便所》場《ば》に行きてえ。」

って言うと、ばっぱはだまって小ぞうのこしに長《なが》いなわをゆわえたんだと。小ぞうはそのままちょうず場に行くと、しばらくしてばっぱが、

「まあだか、まあだか。」

って、なわを引っぱって聞くんだと。小ぞうはなんとかしてぬけたくて、ちょうず場の神様さお願《ねが》いして、こしのなわをそばにあったはしらさゆわいつけて、窓《まど》からぬけだしたんだと。

　ばっぱは、何べんなわを引いても返事がないので、おかしねえな《へんだな》と思ってちょうず場さ行っ

てみっと、小ぞうはいなかったんだと。ほんじぇ、ばっぱが急いで外さ出てみっと、遠くににげていく小ぞうが見えたので、追《お》っかけ始まったと。

小ぞうはときどきうっしょ《(うしろ)》をふり返りながら、むちゅうでにげたげんちょ《(にげたけれども)》、ばっぱの足が速《はや》くてつかまりそうになったと。そんじぇ、小ぞうはおしょうからもらってきたお札《ふだ》を一枚《まい》出して、

「山になあれ。」

って、大声で言いながら投げっちょ《(投げると)》、うっしょ《(うしろ)》にでけえ山ができたと。ばっぱはその山をこえて、小ぞうに追いつこうとしたんで、小ぞうは二枚めのお札を出して、

「川になれ。」

って投げっちょ、今度はうっしょに大きな川ができたと。ばっぱはその川を泳《およ》いでわたってきて、また、小ぞうはつかまりそうになったと。そんじぇ、小ぞうは三枚めのお札を出して、

「火事になれ。」

って投げっちょ、一面火の海となって、ばっぱの姿《すがた》は見えなくなっちまったと。そんじぇ、小ぞうは助かっことができたと。

話　者・合津　サダ
再　話・佐藤　正躬
さし絵・力丸　丈夫

ベコになったばっぱ

むかし、むかし。あっとこさ、一けんのやどやがあったと。そして、そこには、やさしそうなばっぱ《(おばあさん)》が住んでいたんだと。

ある日そのやどやさ、一人《ひとり》の旅《たび》の坊《ぼう》さまがとまったんだと。そすっと《(そうすると)》、夜中にへんてこな音がすんので、坊さまは目がさめたんだと。

「こんな夜ふけに、なんだっぺな《(なんだろうな)》。」

と思って、音のする方さ行って、ふすまのかげからそっとのぞいてみたんだと。すっと、ばっぱが、口で何やら言いながら、ろの中さごまの種《たね》をまいていたんだと。坊さまは、

「いったい、何をやってんだっぺ。」

と思い、息《いき》をころして見ていたんだと。そすっと、不思議《ふしぎ》なことが起こったと。ばっぱが、そのごまの種をまき終わったか終わんねかのうちに、にょろにょろと芽《め》が出て、葉が出て、花がさいて、そして、ごまの実《み》ができてしまったんだと。坊さまは、

「なんて不思議《ふしぎ》なごまだべ。」

と思いながら見ていたと。

そのうち、ばっぱはごまの実と、何かおかしねえものとまぜあわせて、見ているうちにうまそうなごままんじゅう作ったんだと。それを見ると、坊さまは、ばっぱに気づかれねようにして、自分の部屋《へや》に帰っていってねたんだと。

次の日の朝、坊さまが起きだして、ばっぱのいる部屋に行ってみっと、おぜんの上にゆんべのごままんじゅうが、うまそうにならべてあったと。坊さまは、

「これは何かあるな。」

と思ったが、しんねえふり(しらないふり)して、

「わしは、毎朝散歩《さんぽ》するくせがあって、散歩しねえと何も食わんにぇので、そのへん少し歩いてくっから。」

と言って、やどやを出たと。そして、町まで出かけていって、ごままんじゅうを買って帰ってきたと。坊さまは、

「散歩《さんぽ》してせいせいした。腹《はら》もへったので、まんじゅうをいただくか。」

と言って、町から買ってきたごままんじゅうとこっそりすりかえて食ったと。そして、

「ああ、うまかった。わしもうめえまんじゅうを持っていっから、ばっぱさんもどうだい。」

と言って、あのばっぱの作ったごままんじゅうを出すと、ばっぱは、何もしんにぇで、食って

しまったと。そうすっと、なじょしたのが、ばっぱは見ているうちにベコになっちまって、

「モー。」

と、鳴《な》きだしたと。

坊《ぼう》さまはたまげたが、このちょっとやさしそうなばっぱが、こんなふうにして旅《たび》の者《もの》をベコにしては、それを売《う》って金をもうけていたことがわかったんだと。ほこで、坊さまは、ベコさ向かって、

「おめえは、今まで旅の者をベコにしては苦しめてきたから、そのしかえしでこんな姿《すがた》になったんだ。罪《つみ》ほろぼしのために、今までのことを仏様《ほとけさま》さよくあやまるがいい。」

と、教《おし》えてやったんだと。そうすっと、ベコになったばっぱは、

「ベコになって初《はじ》めてその苦しいごどわがった。わたしは、なんてむごいことをしてきたんだべ。仏様許《ゆる》してくんちぇ。」

とおがんだんだと。それを見た仏様は、

「これから心を入れかえて、よい行いをすんなら元どおりにしてやろう。」

と言って、ベコになったばっぱを元の人間のばっぱにしてくっちゃんだと。

話　者・和田　光司
再　話・佐藤　正躬
さし絵・鈴木　信光

おしょうと小ぞう

むかし、あるお寺さ、気のきいた小ぞうが二人《ふたり》いたんだと。ほこのおしょうは、毎晩《まいばん》、小ぞうらが寝静《ねしず》まるころになっと、

「じょうかんだ。じょうかんだ。」

って、お経《きょう》をとなえては、甘酒《あまざけ》をうまそうに飲《の》んでいんだと。ほれに続《つづ》いて、また、

「ぷうぷうぱたぱた。ぷうぷうぱたぱた。」

ってお経のように言っては、焼《や》きせんべいをうまそうに食《た》べていんだと。

ほんなこと《(そんなことを)》しているうち、小ぞうらが目さまして、おしょうは何やってんだべ、見てみっかってのぞき見してみたんだと。ほうしたら、甘酒飲んで、焼きせんべい食《く》っていんだと。ほんで、小ぞうらは、おしょうのこんたんがわかったんだと。ほんで、よし、こっちも、ごっつぉう《(ごちそう)》にありつこうと、いろいろ考えてみたんだと。ほんで、名案《めいあん》をみつけたんだと。

「おしょうさん、二人の名を変《か》えてください。」

って言《い》ったんだと。ほうしたら、おしょうは、変《へん》なこと言うやつらだと思ったげんちょ《（けれども）》も、

「何ていう名まえにしたらいいべな。」

って二人に聞いたんだと。ほうしたら、一人《ひとり》は、

「『じょうかん』にしてください。」

って言ったんだと。おしょうはおかしいなと思って、もう一人に聞くと、

「わたしは、『ぷうぷうぱたぱた』にしてください。」

って言ったんだと。おしょうは、しかたなくほの名まえにしてやったんだと。

ほうして、ほの夜、おしょうが、

「じょうかんだ。じょうかんだ。」と始めっと、

「はい。何のご用ですか。」

って、一人《ひとり》の小ぞうがとび出していくんだと。ほんで、

「なんでもない。」

って言って、やがて、

「ぷうぷうぱたぱた。ぷうぷうぱたぱた。」って始めっと、またぞろ、

「はい、何のご用ですか。」

って、あとの一人の小ぞうがとび出していくんだと。ほんで、また、

「なんでもない。」

って言うだと。ほんじぇも(それでも)、始めるたんびに、とび出してくるもんじゃから、おしょうも、

「参《まい》った、参った。」

って言ったんだと。ほんで、

「困《こま》ったやつらだげんちょ(けれども)も、しかたねえな。」

って、とうとう、小ぞうらにも、甘酒《あまざけ》も焼《や》きせんべいも食べさせたんだと。

話者・八島　詮
再話・酒井　哲
さし絵・槌谷　幸一

子牛《こうし》の滝《たき》

むかしむかし、高部《たかべ》というところに、惣五郎《そうごろう》という正直《しょうじき》で働《はたら》き者の百《ひゃく》しょうが住んでいたど。山の中のくらしだったから、ありあまるくらしではなかったど。んでも、これといった不足《ふそく》もなく、夫婦《ふうふ》なかよく楽しい日を送り迎《むか》えしていたど。

ただ残念《ざんねん》なことに、四十過《す》ぎても二人《ふたり》の間には一人《ひとり》の子どももながったど。

「子どもがあったらよがったのになあ。」

と、二人は顔を見合わせては深いため息《いき》をつくことが多がったど。

信心深《しんじんぶか》い惣五郎《そうごろう》は、毎月一日《ついたち》を選《えら》んで高山に登って、子どもが授《さず》かるように弁財天《べんざいてん》※に祈《いの》り、その帰りには必《かなら》ずたきぎをとってくるようにしていたど。

ある年の三月のことだったと。いつものように弁財天に祈ってからの帰り道、たきぎを背負《せお》って山道を下《お》りてくると、いつもとちがってのどがかわいてがまんができなくなったど。谷川は、雪どけ水で岸《きし》いっぱいになって流れていたど。惣五郎は、滝《たき》の水をのんべと思って滝つぼにおりていったと。

ところがどうだっぺ、そのへんは気持ちのいい春のようで、滝の水はありがでいほど光って流れていたど。その美しさ、ありがたさにたまげはらって《（おどろいてしまって）》、ぼうっとしていっと、滝つぼに赤い子牛《こうし》に乗った女神が静《しず》かにあらわれたど。めんごく、やさしくにっこりした女神は、ありがたい、そして、やさしい声で言ったど。

「おう、おまえは惣五郎ではないか。いつもの願《ねが》いは必ずききとどけてあげよう。早く帰るがよい。」

惣五郎はあんまりありがたくって、「ははっ」とそこにすわりこみ、頭を土さつけておがんだど。しばらくたって、気がついてびくびくしながら頭を上げてみっと、もう女神の美しい姿《すがた》は消えて、赤い子牛だけが静かに滝つぼの中に沈《しず》んでいくばかりだったど。その子牛の姿も消えると、前のように滝の音だけがごうごうとあたりをふるわせ、しぶきをあげているだけだったど。

惣五郎は、あんまり不思議《ふしぎ》なできごとに、夢《ゆめ》を見ているような気持ちで急いで家に帰って、できごとをすっかり妻《つま》に話したど。妻は、幾日《いくにち》もたたないうちにみごもり、やがて生まれたのは玉のような男の子だったと。惣五郎夫婦《ふうふ》は、いつもお祈りした弁財天が授けてくれた子だと大喜《よろこ》びしたと。そんで、赤飯《せきはん》をあげようと、滝に来てみっと、女神の姿は見えなかったげんちよも《(けれども)》、赤い子牛だけが滝つぼに浮《う》かんでいたと。夫婦は、用意《ようい》した赤飯をあげたと。子牛はいかにもうまそうに食べ、また静かに水の中に姿をかくしてしまったと。

再　話・鈴木　義男
さし絵・阿部　正明

注　※弁財天《べんざいてん》＝七福神《しちふくじん》の一人だけの女神《めがみ》。芸《げい》にすぐれている。

大力《だいりき》ぼうさん

むかし安養寺《あんようじ》というお寺に、とっても力もちの和尚《おしょう》さんが住んでいたと。とっても力が強かったので、前から江戸《えど》(今の東京)へ行って有名《ゆうめい》なすもうとりたちと、一度手合《てあ》わせ(しょうぶ)をしたいと思っていたと。

ある日のこと、急に力だめしをしたくなったので、一斗《いっと》のもちをつくと、それをしょってはるばる江戸へ向かって出かけだと。何日かたって、やっと朝早く江戸の千住《せんじゅ》という所に着《つ》いたと。まだ朝早かったのでどこの家も起《お》きていなかったと。たった一けん、とうふ屋《や》だけが戸を開けていたと。

和尚さんが声をかけると、おかみさんが出てきて、

「何か用かい。」

と、そっけなく《（ぶあいそうに）》言ったと。

「わしはすもうが好《す》きでな、江戸のすもうとりと手合わせしたいと思って、奥州《おうしゅう》からやってきたものじゃ。江戸のすもうとりは、どの辺にいるのか知っていたら教えてくだされ。」

と、和尚さんはていねいにたのんだと。

「お前さんみたいなのが、江戸のすもうとりにかかったら、ひとひねりにつぶされてしまうわい。そんなあぶないことはしないで、さっさと帰った方《ほう》が身のためだよ。」

と、おかみさんは、ばかにしたように言ったと。和尚は、だまって、そばにあった石うすを片手《かたて》でもちあげ、それに両手《りょうて》をかけると、ポッキリと二つに割《わ》って、ニッコリ笑《わら》ったので、そのおかみさんはまっさおになって、へたへたとこしをぬかしたと。

いよいよ、江戸《えど》のすもうとりと試合《しあい》をする日になったと。ぐるりと青竹《あおだけ》をまわしたなかに、江戸のすもうとりたちがずらっとならび、かきの外には、たくさんの人たちがこのめずらしい取り組みを見ようと集まっていたと。和尚《おしょう》はおだかになって、さて、と頭に手をやってみると、はちまきがない。あたりを見回《みまわ》すと、青竹がならんでいるので、それを一本ひっこぬいて、ピシピシとはしの方からゆびでおしつぶして、それではちまきをし、アリャアリャーとかけ声をかけて、ドシンドシンとしこをふんだと。いや、もうそのいきおいのよいことといったらものすごいので、話に聞いていた仁王様《におうさま》というのは、きっとこんな人のことだろうと、たくさんなら

んでいたすもうとりはだれひとりかかってこなかったと。

和尚さんのお寺のとなりに忠兵衛屋敷《ちゅうべえやしき》という、たいへんなお金持《かねも》ちの屋敷があったと。

この屋敷が、にわかに、火事《かじ》になったと。その時和尚さんは、すぐかけつけると、大力《だいりき》を出し、ふろおけに水をいっぱいいいれては、どんどん火を消していったと。

再　話・午來　勝顕
さし絵・阿部　正明

かしの木ぶちのカッパ

むかしなあ、とっても、魚つりの好《す》きな人があったと。飯《めし》よりもつりが好きなもんで、毎日毎日つりざおを持ちだしては、近くの川やぬまさつりに出かけていたんだと。

ある日な、その人が近くのかしの木ぶちちゅうところで、魚つりを始めたんだと。そしたら、つれるわつれるわ、おもしえほどつれるので、やめっこと《（やめること）》できねえでいたんだと。

ところが、そのうちにな、でけえクモが水の中から上がってきて、その人がつりざおを持っている手に糸を引っかけていくのに気がついたんだと。よく見っと、そのクモは水の中に入っていっては出てきて、また手に糸をひっかけて水の中に入っていくので、おかしねえやつだなあと思いながらも、魚がうんとつれるので、そのままにしとったと。

んだげんちょ《(だけども)》、そのうちにうるせいクモだなあと思い、そのクモの糸をそばにあった大きな木の根っこに引っかけて、また来たらまた引っかけて、日のくれるまでむちゅうでつっていたんだと。

ところが、やがて、わきにあった根っこが、

「ガボ、ガボ、ガボーッ。」

と、かしの木ぶちさ引きずりこまっちゃと。その人は、たまげて、はあ、つりざおをたがいて《(持って)》にげようとしたら、ふちの中からカラカラ笑《わら》う声がしたんだと。その人は、おっかなくなって《(おそろしくなって)》急いでにげてきたと。

とちゅうで、不思議《ふしぎ》だと思いながらも、きょうはうんと魚が取れたからいいべと思って、ふぐ《(びく)》の中を見たらば、なんと木の葉ばっかりで何もねかった《(なかった)》んだと。その人は、はあ、ますますたまげて、家さ帰ってきたと。

話　者・緑川　芳文
再　話・佐藤　正躬
さし絵・鈴木　隆一

十《じゅう》二《に》支《し》のいわれ

むかし、むかしな。ある年のくれに、神様が動物たちに、

「元日《がんじつ》の朝、おらとこさ新年のあいさつに出かけてこい。いちばん早く来たもんから十二番までは、順番《じゅんばん》に一年間、動物の大将《たいしょう》にすっど。」

って、おふれを出したんだと。

ほんじぇ《(それで)》、動物たちは自分がいちばん先にかけつけようと、元日の来んのを待っていたんだと。

そのうち、うっかりもんのネコは、神様のところさ行く日を忘《わす》っちぇしまったんだと。そし

て、ネズミのとこさ聞きにいくと、ネズミはわざと
「それは、正月の二日《ふつか》だべ。」
って、まちがった日を教えてやったと。ネコは喜《よろこ》んで帰っていったんだと。

いよいよ、元日になったと。

ベコ《(牛)》は歩くのがおせい《(おそい)》からと、ほかのもんより早く出かけようと思って、夜のうちにしたくさしていて、まだうす暗《ぐれ》えうちに出かけたんだと、そんだベコの様子《ようす》を小屋の天じょうから見ていたネズミは、ベコが出かけっとき、その背中《せなか》さとび乗ったんだと。ベコはそんだことしん《(知ら)》にぇで《ないで》、神様のごてんへ向かって、とぼとぼと歩いていったと。

ごてんさ近づいてみっと、まだ、だれも来てねかったと。ベコが喜んで、もうすぐだべ。と思って待ってっと、しばらくして門があいたんだと。

そのとたん、ネズミはベコの背中からとびおりっと、ちょろちょろとかけだしていって一番になり、ベコは二番になっちまったんだと。

それからは、トラ、ウサギ、タツ、ヘビ、ンマ《(馬)》、ヒツジ、サル、ニワトリ、イヌ、イノシシの順で、神様のところさ集まってきたんだと。

ところが、ネコは、一日おくっちぇ来たんで、みんなの仲間《なかま》さ入れらんにぇかったんだと。

そんじぇ、ネコはネズミをにくんで、今でもええかわらず《(相変わらず)》仲《なか》がわりんじゃと。

再　話・佐藤　正躬
さし絵・佐々木八郎

福島のむかし話地図

㉜うばすて山
㉝貧乏神
㉞麻布と水神
㉟ツルの恩返し
㊱鳥好きじいさん
㊲雉の子太郎
㊳江戸のびっきと
大阪のびっき
㊴カオスどんとサルどん
㊵古屋のもり
㊶雪のあしあと
㊷足長手長
㊸三びきキツネ
㊹雪のふりはじめ
㊺人魚の恩返し
㊻ヘビむこ入り
㊼わらしび長者
㊽サル地蔵
㊾地蔵様とダンゴ
㊿食わず女ぼう
(51)三枚のお札
(52)ベコになったばっぱ
(53)おしょうと小ぞう
(54)子牛の滝
(55)大力ぼうさん
(56)かしの木ぶちのカッパ
(57)十二支のいわれ

①親孝行なすえむすめ
②旅の役者に化かされたキツネ
③ホトトギス兄弟
④法印とキツネ
⑤サルとカエル
⑥お天と様とヒバリとモグラ
⑦ドブときょうで
⑧うそこき孫左衛門
⑨ほらふき名人と子ども
⑩へこきよめ
⑪子どもずきな地蔵さま
⑫子育てゆうれい
⑬与五郎と殿様
⑭ちょろき
⑮惣兵衛どんの赤ネコ
⑯彦八どんとタヌキ
⑰もちつきぎねとカメの子
⑱こういちとハト
⑲大三の鬼たいじ
⑳花さかじい
㉑おまんギツネと小豆とぎ
㉒与八郎とハト
㉓虻長者
㉔うそこき与左エ門
㉕ぶぐ
㉖のんきなむこさま
㉗おたん沼
㉘キツネの恩返し
㉙カッパの宝物
㉚瓜ひめ
㉛天福と地福

あとがき

足かけ四年にわたり、私たちはごく地道に、福島県のむかし話をしらべてまいりました。日曜日や夏休み・冬休み等を利用し、テープレコーダーを肩に下げ、数々の調査資料から、まだむかし話がのこされていると思われる、村や町や海辺や山奥に足を運び、その土地でむかし話を語り伝えている方々と会い、その話をテープに収めてまいりました。

こんな仕事を三年間も続けながら、一方、夕食を忘れるほどの文献研究や研究討議・編集会議をかさね、ようやく『福島のむかし話』という、一冊の本にまとめあげることができました。

むかし話は、私たちの祖先が語りつぎ、長い間伝えてきてくれたものです。その中には、むかしからこの福島に住みついてきた人々の、美しいおおらかな心が生きています。

むかし話は、もともと語りの文学であったわけですが、いまはむかし話など語ってくれる人はほとんどいないようです。映像や活字の世界に追われている現代の生活は、人と人とがうちとけて親しく語り合うという心のゆとりを、忘れ去らせたのではないかと思います。

むかし話のおもしろさ、妙味は、方言で語られるところにあるわけですから、子どもにだまって読ませるというよりは、親または先生が声に出して読んでやってくださるようお願いしたいのです。読める子どもについては、この『福島のむかし話』を、子どもみずからの語りとして、大きな声を出し、たのしく読み味わうよう期待しております。

これらのむかし話が、それぞれの土地のことばで、生き生きと読まれ、語られるとき、話の中の人物は、目に見えるように活動し、草や木が明るく笑い、動物たちも人びとのなかまとなって立ちまわることと思います。

福島県国語教育研究会

◆『読みがたり　福島のむかし話』発行にあたって

『改訂新版　福島のむかし話』をお読みいただいてから、十年が過ぎました。多くの皆様にお読みいただき感謝致しております。

この度《たび》、方言で語られた「思いと、こころ」さらには「ことばの表情」の理解を深めていただけるよう注を多く入れました。「読んで楽しむ」から「話して楽しむ」へいっそう発展されるよう願っております。

福島県国語教育研究会　会長　長谷川　磐雄

『福島のむかし話』編著者・協力者一覧

◆指導した人
菅野　宏（元福島大学教育学部教授）
斎藤　正夫（元福島県立福島女子高等学校長）

◆編集した人
編集委員長
長谷川磐雄（元保原町立保原小学校長）
編集副委員長
桑原　信壽（元福島市立清明小学校長）
編集委員
三浦　和夫（元伊達町立伊達小学校長）
菊地　久男（元福島市立笹谷小学校長）
鈴木　充正（喜多方市教育委員会学校教育課長）
小泉順治郎（元福島市立三河台小学校長）
佐久間源司（福島市立松川小学校教頭）
津田　智（郡山市立行健小学校長）
桑原　兵永（元福島市立荒井小学校長）
根本　文弘（福島市立荒井小学校長）
佐藤　正躬（いわき市立小名浜第二小学校長）
新国　則夫（元福島市立清水小学校教諭）
川田　昌利（福島県教育庁義務教育課長）
酒井　哲（福島市教育委員会児童文化センター館長）

◆文を書いた人
小泉順治郎　新国　則夫　佐久間源司
川田　昌利　津田　智　酒井　哲
桑原　兵永　菊地　久男　根本　文弘
鈴木　充正　佐藤　正躬

◆絵をかいた人
古山　直一（元福島市教育委員会教育長）
鈴木　隆一（福島市立平野小学校長）
佐久間　敬（福島大学教育学部教授）
佐々木八郎（元福島市立中野小学校長）
槌谷　幸一（福島市立平田小学校長）
力丸　丈夫（須賀川市立須賀川第二小学校教頭）
佐藤　悳（元福島市立森合小学校長）
鈴木　信光（福島市教育委員会学校教育課主幹）

◆協力した人
福島　坪池　忠六／坪池　忠夫／太田　和也／太田　隆夫／片平　幸三／矢吹　群作／半沢　光夫／香内佐一郎
加藤　典昭／桑原　信壽　安達　菊田　智／菰田　襄／大槻　シツ／山口　尚教／小平　卓男／佐藤　政蔵
桑原　ます／郡山　小沼　徹雄／星　幸雄／和知　謙／宗形　虎男／七海　トミ　伊達　金谷　年蔵
三瓶　源作／五十嵐　悦夫／渡辺　富子／長谷部　廉三／伊藤　武司／渡辺　通／佐藤　イシ／佐藤　喜義
東白川　竹貫　全英／鈴木　正美／関根　政長／北会津　森田　時夫／石川　幹夫／五十嵐　幸介／五十嵐　三郎
星　正義／渡辺　与四一／南会津　皆川　文弥／中山　知美／安藤　紫香／相馬　八島　詮／管野　正義
寺岡　利雄　耶麻　国分　恵真／稲林　敬一／伊藤　正男／五十嵐　良三／小田切　貞子　岩瀬　安藤　傳
中畑　満／矢吹　正雄／安藤　元介／増子　ミキ　石川　南條　知一／金成　重亮／岡部　丑之助／渡辺　辰夫
草野　豊／迎　森一　田村　三輪　セン／橋本　義男／吉田　マサミ／小泉　真三　双葉　岩野　アヤ子／菅野　丑太郎
西白河　遠藤　輝之助／川崎　隆次／佐藤　貞夫／永山　武　両沼　大越　大雄／井関　敬嗣／斎藤　庄司
坂内　三郎／原　みつお　いわき　一条　一／片寄　正彦／佐藤　義雄／緑川　芳文／合津　サダ／和田　光司（順不同）

（氏名・勤務先等は一九七七年『福島のむかし話』初版発行時）

◇『福島のむかし話』改訂委員
◆編集委員長
長谷川磐雄（元保原町立保原小学校長）
◆編集委員
三浦　和夫（元伊達町立伊達小学校長）
井戸川寅志（元福島市立中野小学校長）
小泉順治郎（元福島市立三河台小学校長）
喜古　亮（元福島市立福島第二小学校長）
小平　卓男（元保原町立保原小学校長）
川田　昌利（福島県教育庁義務教育課長）
根本　文弘（福島市立荒井小学校長）
斎藤　就治（会津教育事務所管理課長）
津田　智（郡山市立行健小学校長）
佐藤　正躬（いわき市立小名浜第二小学校長）
栗林　正樹（県南教育事務所指導主事）
渡辺　博志（福島県教育庁義務教育課指導主事）
星　弘明（南会津教育事務所指導主事）
渡部　裕（耶麻郡磐梯町立磐梯第二小学校教諭）
小林　伸行（郡山市立月形小学校教頭）
鈴木　義男（福島大学教育学部附属小学校教諭）
金成　邦寛（福島大学教育学部附属小学校教諭）
林　和樹（福島大学教育学部附属小学校教諭）
午來　勝顕（福島大学教育学部附属小学校教諭）
◆絵をかいた人
岡部　文雄（郡山市立芳山小学校長）
鈴木　信光（福島市教育委員会学校教育課主幹）
渡部　憲生（福島大学教育学部附属小学校教諭）
阿部　正明（福島大学教育学部附属小学校教諭）

（氏名・勤務先等は一九九四年『改訂新版　福島のむかし話』発行時）

◇『読みがたり　福島のむかし話』編集委員
◆編集委員
長谷川磐雄　川田　昌利

◆参考にした本
「福島の民話」片平幸三編　「会津百話」国学院大学説話研究会編　「杉田村の文化」桑原兵次編
「喜多方の民話」「磐城昔話集」岩崎敏夫編　「はらせむかし話」菰田襄編　「信達民譚集」近藤喜一
「福島むかし話」　福島市の文化財調査報告書第八集　「月舘町伝承民話集」　西郷村郷土誌　国見町史

読みがたり

福島のむかし話

1977年 10月 1日 『福島のむかし話』初版発行
1986年 10月 1日 『改訂版 福島のむかし話』初版発行
1994年 9月 1日『改訂新版 福島のむかし話』初版発行
2004年 10月 20日『読みがたり 福島のむかし話』初版発行
2009年 7月 10日『読みがたり 福島のむかし話』2版1刷発行
2013年 11月 10日『読みがたり 福島のむかし話』2版2刷発行

編著者　福島県国語教育研究会 ©

発行者　株式会社　日本標準
代表者　山田雅彦

発行所　株式会社　日本標準
〒167-0052
東京都杉並区南荻窪3-31-18
TEL 03-3334-2241（代表）

編集協力　制作　有限会社　ポシエム

印刷　製本　株式会社リーブルテック

NDC388／256 P／21cm
ISBN978-4-8208-0139-9

☆落丁・乱丁本はおとりかえいたします。

〈表紙・カバーデザイン〉鶴見　雄一

☆『読みがたり　むかし話』シリーズについてのお問い合わせは

日本標準　郷土文化研究室／TEL：03－3334－2653
E-mail：kyodo@nipponhyojun.co.jp